D1149087

VIVRE BLESSÉE

Le drame de la mammectomie

Dessin de la couverture: François Royer

LES ÉDITIONS QUEBECOR
Une division du GROUPE QUEBECOR INC.
225, rue Roy est
Montréal, Qué. H2W 2N6
Tél. : (514) 282-9600

Distributeur exclusif :
AGENCE DE DISTRIBUTION POPULAIRE INC.
955, rue Amherst
Montréal, Qué. H2L 3K4
Tél. : (514) 523-1182

© 1980, LES ÉDITIONS QUEBECOR
Dépôts légaux, troisième trimestre 1980 :
Bibliothèque nationale du Québec et
Bibliothèque nationale du Canada
ISBN 2-89089-056-2

Ginette Creighton

VIVRE BLESSÉE

Le drame de la mammectomie

EDITIONS

Quebecor

PRÉFACE

Ce livre nous expose la vie, les sentiments, les luttes d'une femme qui, à la suite d'une infection à la naissance, fut condamnée à ne vivre qu'avec un seul sein.

Ginette Creighton raconte avec franchise son enfance mais surtout son adolescence où elle doit affronter l'éveil d'une sexualité tronquée par son infirmité ; puis la période adulte où, après avoir réussi à contrôler au prix de pénibles efforts le marasme psychologique dans lequel son état physique l'avait placée, réussit à vaincre et accepter sa condition et enfin accéder à une vie normale.

Ce récit expose également la situation de toute patiente qui a subi l'ablation d'un sein et qui cherche par chirurgie à retrouver une apparence plus normale. Il nous fait comprendre que les techniques de reconstruction par chirurgie plastique ne peuvent accomplir de miracle. À tout le moins, elles aident à redonner un volume, un galbe, une forme. Au mieux, elles permettent d'obtenir une symétrie du buste tout à fait convenable.

De toute façon, une fois les limites de nos interventions bien comprises, la chirurgie plastique apportera à la femme mammectomisée une grande amélioration, autant sur le plan physique que moral. Il est certain qu'en ce qui concerne la tenue vestimentaire de même que sur le plan de son comportement social et familial, la femme s'en trouvera beaucoup mieux.

Le rôle du plasticien ne peut donc se limiter au seul acte médical. Il doit être accompagné d'un soutien moral pendant une certaine période de temps, fondé sur le respect de l'individualité de chaque patiente. L'intervention chirurgicale dont l'importance est certes indéniable, ne prendra tout son sens que si la femme mammectomisée a accepté son « infirmité ».

Je ne pourrais trop encourager toutes les femmes que ce problème préoccupe, à lire cet ouvrage, le premier publié sur ce sujet qui pose le problème d'une façon à la fois si personnelle et explicite. Il représente le premier pas décisif dans ce travail d'éducation et d'information auprès de milliers de femmes trop souvent seules et désemparées face au problème du cancer du sein et de la mammectomie.

Gilles Lauzon, M.D. F.A.C.S.(C)
Gl/lt.

AVANT-PROPOS

Ce livre est le livre de mon combat, l'histoire de la lutte inlassable que j'ai dû mener contre mes propres complexes et la pitié que je m'inspirais, moi qu'une erreur médicale condamna, dès la naissance, à vivre avec un seul sein.

Ce livre, je l'ai écrit parce que je ne pouvais plus me taire. J'ai voulu qu'il existe non seulement pour exorciser le mal dont aujourd'hui, à trente-cinq ans, j'ai enfin triomphé, mais aussi pour vous parler, à vous toutes, de plus en plus nombreuses, qui avez subi ou aurez un jour à subir une mammectomie.

Je ne prétends pas me faire psychiatre, psychologue ou médecin. Je viens simplement vous raconter mon vécu. Je souhaite que mon histoire personnelle puisse démontrer *qu'il faut apprendre à faire face au problème* de la mammectomie. Loin de considérer cette opération comme une fatalité, comme une condamnation obscure et inexorable de notre féminité, il est de notre devoir, au contraire, de bien l'accepter pour mieux la surmonter afin qu'un jour, nous puissions toutes ensemble crier au monde que nous ne sommes pas des infirmes et que nous demeurons des femmes à part entière. Vous qui, comme moi, avez été mammectomisées, ne soyez pas stupides comme je l'ai été. Regardez-vous dans le miroir et dites-vous que vous êtes bien la même femme qu'avant cette opération. Ne restez surtout pas avec cette idée obsédante que vous ne pourrez plus plaire. Le fait de n'avoir désormais qu'un seul sein ne vous a pas enlevé vos qualités ni donné plus de défauts. Si vous savez vous reprendre en main, vous serez aussi attrayante et attirante qu'auparavant pour peu que vous conserviez ce que tout être humain possède sans doute de plus précieux : la confiance en soi et la conscience d'être le seul maître de son corps et de son destin.

Pour trop de femmes, mammectomie est synonyme de renonciation. Trop d'épouses, de retour de l'hôpital, choisissent de se terrer dans un coin, revêtues de leur peignoir le plus terne, et repoussent leur compagnon qu'à la première caresse, elles s'empressent de traiter d'hypocrite. Puis s'ensuit souvent la réputée « inévitable » dépression nerveuse, long tunnel sans fin où la femme mammectomisée qui se juge à jamais meurtrie, mutilée dans sa chair, s'engage inexorablement, de plus en plus sourde aux appels extérieurs, aux cris d'amour de son entourage. Car lorsqu'on s'enfonce dans le gouffre noir de la solitude, on ne parvient même plus à discerner les bras tendus là-haut, à l'orée de l'abîme, et qui tentent de vous aider à remonter la pente ; lorsqu'on n'éprouve plus pour soi-même qu'un vague sentiment de dégoût mêlé de désespoir, alors la tendresse d'autrui porte un nom terrible : la pitié.

Mais cette pitié-là que nous toutes, femmes mammectomisées, avons cru lire un jour dans le regard de l'autre, cette lueur de sollicitude que nous avons ressentie comme un coup de poignard, est-elle vraiment due à l'opération que nous avons subie ? N'est-elle pas plutôt le résultat de notre propre comportement par lequel nous posons perpétuellement en victimes, en infirmes inconsolables ?

Ce n'est qu'au terme de longues années d'épreuves que j'ai eu enfin la force de me poser cette question ; et j'ai su, le jour où je me la suis formulée, que j'avais gagné, que, désormais, je n'aurais plus peur du reflet que me renverrait le miroir ni du regard des autres sur mon corps.

Voici donc ce livre que j'ai écrit avec toute ma révolte, mon désespoir, mon humour, mon amour de la vie, ce livre qu'à vous toutes, femmes mammectomisées, femmes qui ne l'êtes pas, mais qui aurez peut-être un jour à subir cette épreuve, je dédie aujourd'hui.

CHAPITRE PREMIER

Le temps
de l'ignorance

L'enfance, dit-on, est le temps de l'insouciance et de la bienheureuse innocence. Sans doute n'ai-je pas échappé à la règle. Quand je repense aujourd'hui à ces premières années de ma vie, il me semble ressentir une chaude bouffée de joie, de plénitude et d'amour, cet amour dont nous tous, adultes, avons la nostalgie, ce lien indissoluble ancré dans la chair comme une blessure délicieuse, qui unit à jamais le fils ou la fille à ses parents, si toutefois ces derniers sont dignes de ce nom. Et les miens l'étaient, ô combien ! Oui, j'ai connu ce qu'on a coutume d'appeler une enfance heureuse. Et pourtant...

Lorsque, trente ans plus tard, je revois en mémoire le premier reflet de moi-même que me renvoya un miroir, l'image d'une gamine à la chevelure d'un roux flamboyant, au regard espiègle et décidé, malgré moi mon cœur se serre.

Alors, ce n'est plus le doux souvenir d'un paradis perdu que je scrute sur ce visage-là ; ce n'est pas le bon-

heur enfantin si frais, si simple qu'il semble aller de soi,
que je lis dans ces yeux-là et je ne peux qu'éprouver
une immense pitié pour la fillette que j'étais, cette fillette qui, avec toute son ardeur naïve, ses gestes mala-
droits, son langage encore imparfait et balbutiant, ap-
prenait la vie, sans savoir que le jeu était faussé au départ et qu'elle portait déjà sur son petit corps d'enfant
la mutilation qui devait marquer son existence future
de femme.

Me l'aurait-on révélé à l'époque, je n'aurais certes
pas pu comprendre le terrible événement qui s'était
produit vingt-quatre heures à peine après ma naissance
survenue un certain 31 décembre 1943. D'ailleurs, mon
univers me suffisait. Ma vie commençait avec les premiers gestes d'amour de ma mère, dans notre vaste
maison montréalaise du centre-ville que je ne cessais
d'explorer, dans ma chambre peinte de couleurs vives
où s'entassaient mes jouets, mes animaux en peluche
que, la nuit, j'attirais à moi sous les draps, comme tout
enfant sans doute, pour vaincre la peur du silence et
l'appréhension du sommeil.

C'est avec tout cela, dans ce cadre familier, avec
les sourires et les voix chaudes de mes proches, que dé-
butait mon existence et que je grandissais telle une
fleur qui, doucement, naturellement, éclôt. Comment
aurais-je pu imaginer qu'avant cette maison, avant
même que mes yeux s'ouvrent sur le monde et discer-
nent les contours du premier visage aimé, ailleurs, entre
les murs nus d'une salle d'hôpital, des étrangers habillés
de blanc, aux regards froids de techniciens, s'étaient
penchés sur moi et que des doigts caoutchoutés, avec
des gestes brefs et précis, avaient couru sur ma peau,
coupé dans la chair de mon corps minuscule tout recro-
quevillé?

Encore aujourd'hui, lorsque je tente de m'imaginer le déroulement de la terrible opération dont j'allais souffrir durant tant d'années, je n'y parviens pas, comme si cette intervention appartenait à une sorte de préhistoire, antérieure à mon être, à ma vie. Et pourtant, je le sais désormais, cet événement que j'ignorais était cruellement présent pour mon père, car il était le seul de mes proches à pressentir que je ne serais jamais une femme comme les autres. Sans doute est-ce à cause de cela que, dès mes premiers pas, il se montra si protecteur à mon égard.

— J'ai toujours peur qu'il ne t'arrive quelque chose, que quelqu'un ne te fasse de la peine, me répétait-il.

Sans trop saisir la signification de ses paroles, moi, je riais, fière de cet amour fou qu'il me vouait et je me précipitais dans ses bras qui se refermaient sur moi avec tant de force que je le priais de me lâcher tant il m'étouffait.

— Fais donc attention, Ginette, tu vas tomber !

— Pourquoi n'as-tu pas mangé à midi ? Tu es malade ?

— Tu as encore couru et tu es en nage ! Est-ce ainsi que se conduit une petite fille bien élevée ?

Tous ces conseils, ces reproches qu'il ne cessait de me lancer d'une voix sévère qui dissimulait mal une obscure inquiétude, il me semble encore les entendre. Je revois sa haute stature athlétique s'encadrer sur le seuil de ma chambre quand, revenant de son travail, à pas de loup, il venait me surprendre parmi mes jeux, un cadeau à la main. Tous les rares moments de loisir que lui laissait son métier de contracteur peintre en bâtiment m'étaient consacrés. J'étais sa poupée, son enfant chérie, un objet fragile qu'il fallait protéger, préserver à tout prix des dangers du monde extérieur.

Comment aurais-je songé alors à me défendre de cette passion dont il m'entourait, de cet univers calfeutré dont j'étais la reine ? Comment aurais-je compris que cet amour démesuré avait pour cause la tragédie qui avait immédiatement suivi ma naissance et dont mon père devinait les conséquences ?

Comment, surtout, aurais-je pu deviner que cette idolâtrie qu'il me vouait m'étouffait, m'enfermait dans une cage dorée sans issue de secours et qu'il me faudrait tant lutter plus tard pour lui échapper et devenir moi-même ?

Certes, à cette époque, je ne me posais pas tant de questions. Je recevais cette tendresse paternelle si possessive, si exclusive, comme quelque chose de naturel et qui, en quelque sorte, m'était dû. Et cet amour, la gamine que j'étais le lui rendait de toutes ses forces, de tout son être. J'adorais mon père, je le trouvais beau, puissant, avec ses cheveux bruns qui encadraient son visage aux traits fins et énergiques, sa silhouette élégante qui le faisait ressembler à Gregory Peck. Le patron autoritaire, exigeant mais juste qu'il était dans son travail, le camarade au cœur d'or, franc et direct qu'il était pour ses amis, devenait pour moi un amoureux jaloux et tyrannique aussi, car il n'hésitait pas parfois à sévir impitoyablement lorsque j'avais le malheur de ne pas me conformer à l'image idéale qu'il se faisait de moi.

Aussi, je crus longtemps qu'il était le seul rempart contre les périls obscurs qui semblaient me guetter comme des spectres, à peine avais-je franchi le seuil de la maison. Peu à peu, même si mon tempérament faisait de moi une petite fille gaie et enjouée, voire turbulente au dire de mes maîtres d'école, une autre Ginette plus négative apparaissait. Insensiblement, sans en prendre conscience, nourrie par cette passion quasi maladive, je m'enfonçais dans une sorte de peur encore confuse et informulée du monde extérieur que seule la présence paternelle avait le pouvoir de chasser.

Maman, elle aussi, bien sûr, était importante pour moi. Elle était si douce, si patiente ; la bonté irradiait de tout son être. Sans doute m'aimait-elle comme elle aimait mon père et la vie tout entière, tout simplement parce que son cœur débordait d'amour. Et cet amour, je ne le savais pas à l'époque, représentait mon ouverture sur le monde. Autant mon père aurait désiré m'enfermer pour mieux me protéger autant la personnalité de ma mère semblait me pousser en avant, par la plénitude et la sérénité même qui, spontanément, émanaient d'elle. La sécurité, la tendresse paisible, toujours égale, qu'elle me donnait corrigeaient donc un peu, fort heureusement, la passion étouffante et tyrannique que me vouait mon père ; son optimisme et sa joie de vivre tempéraient le regard tragique sur l'univers que me conférait la vision paternelle.

C'est auprès d'elle que, bien plus tard, je devais me réfugier pour reprendre des forces et puiser l'espoir d'exister. C'est encore elle qu'aujourd'hui, tout comme l'enfant que j'étais, je vais consulter, c'est à elle que je demande conseil. Chère maman, toi qui, au cours de toutes ces années d'épreuves, as su comprendre le sens de mon combat, toi qui as su être pour moi ce qu'une mère peut devenir de plus beau : une sœur.

Bien sûr, à l'époque, vers l'âge de neuf ans, je ne me rendais pas compte de tout cela, et, en particulier, de la force salvatrice de cet amour maternel. Je me laissais choyer, dorloter, surtout par mon père qui représentait, en quelque sorte, le garant de cet univers où tout m'était dû.

Voulais-je quelque chose, une nouvelle poupée, un autre nounours et je l'avais quelques heures plus tard. Avais-je faim ? La bonne devait abandonner le travail qu'elle avait en train pour me servir. En fait, je grandissais dans un doux cocon chaud, un monde préservé, féerique, dont j'étais la princesse, sous le regard paternel qui cachait mal derrière sa sévérité apparente la perpétuelle inquiétude que quelque chose de fâcheux ne m'arrive ou que même, tout simplement, je ne me mette à pleurer. Car je n'avais pas le droit d'avoir la moindre contrariété. Les larmes elles-mêmes m'étaient défendues.

Je sais hélas ! aujourd'hui quelle déplorable image de la féminité me conférait cet amour dévorant, celle de la femme fragile, surprotégée et qui, en échange de l'idolâtrie dont elle est l'objet, doit payer de son autonomie, annihiler sa personnalité, sous peine de rompre le charme.

Mon père aurait désiré que je demeure perpétuellement une femme-enfant, « sa » femme-enfant. Ma mère, elle, par sa bonté silencieuse, m'aimait plus pour moi-même ; elle acceptait déjà avec chagrin et fierté, comme toute mère véritable, le déchirement que je lui causerais lorsque je ne serais plus sa petite fille et volerais de mes propres ailes. Elle m'aimait trop pour ignorer que je ne lui appartenais pas.

Pourtant, ce n'est pas elle que plus tard, adolescente, je devais considérer comme mon modèle car, malgré l'immense tendresse que je lui ai toujours portée, je n'ai jamais pu m'empêcher de la juger trop passive, trop manipulée. Maintenant que je m'en suis sortie, après la longue descente aux enfers que j'ai connue, c'est vers un autre personnage de mon enfance que je me tourne et auquel je rends hommage : ma grand-mère paternelle, Adrienne, en qui la femme que je suis devenue se reconnaît, elle que je considère aujourd'hui comme ma semblable, ma sœur de race.

Grand-maman vivait avec nous dans notre maison. Je restais souvent seule avec elle, car ma mère a toujours désiré travailler. J'entends encore sa voix claire, ferme et bien timbrée, son langage cru et coloré qui rompait avec l'atmosphère calfeutrée et de demi-teintes qui régna sur toute mon enfance. Je revois sa démarche à la fois souple et décidée, les gestes précis, résolus, avec lesquels elle ôtait son chapeau et son lourd manteau de vison avant de se pencher vers moi pour déposer un baiser sur mon front, lorsqu'elle revenait chez nous après avoir visité une amie ou effectué des emplettes.

Alors, il me semblait que, tout à coup, sa présence brisait le silence douceâtre de la maison comme si une bourrasque de vie empreinte de l'air frais du dehors faisait irruption dans les vastes pièces aux meubles anglais trop propres, trop lustrés, dans le salon aux lignes immobiles et figées, dans ma chambre jonchée de jouets, désirs à peine formulés avec lesquels je m'amusais à peine.

Auprès d'elle, j'ai appris le rire, le sens de l'humour qui devait m'être tant utile par la suite ; grâce à elle, j'ai connu la force du bon sens, la puissance de la volonté. À son image, plus tard, j'ai compris que le monde n'était pas peuplé de menaces et de dangers grimaçants.

Grâce à elle, surtout, j'ai découvert un autre aspect de la féminité car, à soixante ans passés, elle était encore ce qu'elle avait été durant toute son existence : une femme responsable et autonome, à l'aise dans sa peau et maîtresse de son destin.

Oui, c'était un vrai personnage, ma grand-mère. Elle s'était mariée trois fois et par trois fois était devenue veuve.

— Mon troisième époux était pourtant plus jeune que moi, soupirait-elle, et malgré tout il a fallu que je l'enterre ! Les hommes sont de bien petites natures !

Et il est vrai que, dans sa bouche, cette affirmation avait un air certain de vérité, tant une solide santé émanait d'elle, un appétit et une joie de vivre qu'elle ne confondait d'ailleurs pas avec un optimisme béat. En fait, elle était en avance sur son temps. Alors que les sujets relatifs à la sexualité étaient sévèrement prohibés par mon père, elle ne craignait pas, alors que j'entrais à peine dans l'adolescence, de me parler de l'avortement, de la contraception et d'autres sujets tabous.

— Ne fais pas la bêtise d'avoir une ribambelle d'enfants ? Trop de générations de pauvres filles ont été sacrifiées ici, au Québec, qui ont passé leur belle jeunesse entre les couches sales et la cuisine ! me répétait-elle en tapotant ses cheveux teints de brun, car elle ne s'était jamais résignée à devenir une vieille dame. Tu vois, moi, je n'ai eu qu'un fils, ajoutait-elle. Un, ça suffit, deux à la rigueur ! Rappelle-toi bien cela, ma petite Ginette : sois une femme avant tout, une vraie.

Et moi, je buvais ses paroles qui avaient le goût de l'interdit, sans trop comprendre leur signification. En elle, inconsciemment, la fillette que j'étais puisait la vie ; en cette femme décidée, élégante, qui se rendait chez le coiffeur trois fois par semaine et qui menait une vie sociale fort active, confusément je reconnaissais une autre Ginette, la vraie, la profonde, celle qui avait de la volonté et qui aimait le monde, la vie sous toutes ses formes. Mais cette Ginette-là avait déjà à lutter contre l'autre reflet de moi-même qu'entretenait mon père, celui de la femme manipulée, protégée et qui payait de sa liberté le privilège d'être perpétuellement servie et adorée comme une idole.

Comme j'ai eu du mal à effacer cette fausse image de moi ! Hélas ! j'ignorais encore quel rude combat il allait me falloir mener alors que, petite fille, j'allais me pelotonner sur les genoux de ma grand-mère dans la grande chaise berçante et que je m'enivrais de son parfum, des récits mouvementés de son passé, de son odeur d'aventure où, sans le savoir, je reprenais vie.

Rien d'étonnant donc si des heurts opposaient ma grand-mère et mon père, disputes brèves, jamais irréversibles, que je ne comprenais qu'imparfaitement.

— Voyons, Bill, tu ne devrais pas la choyer comme ça ! C'est tout juste si tu ne l'empêches pas de jouer avec les autres enfants du quartier ! Que crains-tu donc ? Elle est en bonne santé, cette petite !

Alors, invariablement, d'une voix rogue, mon père répliquait :

— Tu ne peux pas comprendre... J'ai toujours peur . . . Plus tard . . .

— Peur de quoi ? Elle a besoin de vivre, cette enfant !

Souvent, l'altercation s'arrêtait là. Le visage soudain rembruni, mon père se taisait. Puis il se penchait vers moi qui les fixais tour à tour et, doucement, il effleurait mes cheveux roux.

— Va donc voir dans la poche de mon manteau, me lançait-il d'un ton bourru. Il y a une surprise pour toi.

Et j'obéissais. Je courais vers le vestibule, montais sur une chaise pour atteindre le vêtement suspendu à la patère. Je savais déjà ce que j'y trouverais, car cette scène se renouvelait plusieurs fois par semaine : une tablette de chocolat ou quelque autre friandise que je croquais avidement, tandis que là-bas, dans le salon, la dispute reprenait, tendue, à voix basse.

Pourtant, au fur et à mesure que je grandissais, je commençais à m'étonner. Pourquoi la Ginette qui, dans la cour de l'école, était réputée pour faire des coups pendables à ses petites amies, devait-elle, le seuil de la maison franchi, redevenir une poupée immobile et docile ? Pourquoi n'avais-je pas le droit de désirer sans obtenir, de rêver à un jouet que je n'aurais peut-être jamais comme tant de mes camarades de classe qui savaient déjà, eux, que les choses se conquièrent et ne se donnent pas ?

Oui, plus j'avançais en âge et plus toute cette enfance choyée que je connaissais me semblait trop facile comme si quelque chose faisait de moi un être à part du monde, séparé des autres. Certes, je ne me posais pas la question en ces termes, mais je me rappelle que parfois, abandonnant mes jeux, il m'arrivait d'écouter avec une tristesse que je ne parvenais pas à définir les rires des enfants dans la rue. Alors, quand elle était là, c'est toujours vers ma grand-mère que je me précipitais et quand sa voix ferme, décidée, retentissait à mes oreilles, il me semblait confusément entendre l'écho de cette vie du dehors dont on voulait tant me préserver.

— Quand tu seras plus grande, nous sortirons ensemble, me soufflait-elle d'un ton malicieux. Nous irons dans les boutiques comme des amies. Tu verras comme on s'amusera !...

Le soir tombait. En attendant le retour de mon père, ma mère, qui cousait dans un fauteuil, souriait doucement. Puis, de nouveau, c'était le silence que seul troublait le tic-tac de l'horloge de bronze posée sur la cheminée de marbre. Alors, pelotonnée contre ma grand-mère, j'avais enfin droit au rêve, le droit d'imaginer un futur où j'échappais à cet univers trop douillet et, tout à coup, je me sentais forte, très forte. Et puis, une voix familière retentissait :

— Eh bien, Ginette, tu ne viens pas embrasser ton papa ? Regarde ce que je t'ai apporté...

Et de nouveau, les bras paternels m'encerclaient sous le regard désapprobateur de ma grand-mère qui maugréait en haussant les épaules contre la « déplorable éducation » dont j'étais l'objet. Les années passaient. J'attendais toujours un petit frère qui ne venait pas. Et pourtant, combien cette naissance m'aurait comblée de joie !

Chaque année, au plus loin que remontent mes souvenirs, je me rendais au Children's Montreal Hospital avec maman. Je me rappelle la pièce aux murs blancs où nous recevait le médecin. Je revois son visage grave penché sur moi et il me semble sentir encore le contact glacé de ses doigts sur mon corps, sur ma petite poitrine.

Je ne prêtais guère d'importance à ces visites annuelles à l'hôpital. Tous les enfants vont voir le docteur et je devais moi aussi, comme disait ma mère, me soumettre à un examen général pour vérifier si j'étais en bonne santé, voilà tout. Je me souviens aussi que les soirs qui suivaient ces visites, mon père m'offrait un cadeau particulièrement beau et cher et me serrait plus longtemps contre lui.

— Ça va, ça va bien, tu es en pleine forme, n'est-ce pas ? me questionnait-il.

J'étais trop petite pour lire la nuance d'angoisse qui vibrait dans sa voix bourrue et, de nouveau, je me tournais vers ma grand-mère qui, le front plissé, tançait mon père pour la millième fois ou détournait la conversation pour alléger l'atmosphère en nous racontant sa dernière soirée passée avec une amie ou quelque scène comique qu'elle avait surprise dans la rue.

Et puis vint un temps, vers ma dixième année, où ce fut moi qui commençai à poser des questions. Sentais-je obscurément qu'un mystère entourait ma naissance ? Je ne sais. Qu'apprenais-je en fait ? Que j'avais été un beau bébé de neuf livres et demie, que long-temps mes parents m'avaient désirée, qu'ils étaient fous de joie à ma naissance.

— Qu'est-ce que tu as à te creuser la tête ? me ré-pétait ma grand-mère. Regarde-toi dans la glace, tu es une jolie petite fille. Tu feras une belle femme, voilà l'important !

Et je ne pouvais qu'admettre qu'elle avait raison. J'entraînais alors grand-maman dans la chambre de mes parents. Je lui intimais l'ordre de s'asseoir sur le lit. Je me campais devant le miroir ; chaussée des talons hauts de ma mère, je prenais des poses d'adulte, je minaudais, m'éventais, m'exerçais à marcher en me déhanchant . . . et sans trop me tordre les pieds.

— Ce n'est pas trop mal pour un début, pas trop mal . . . admettait ma grand-mère qui parvenait à grand peine à garder son sérieux.

Et je continuais à multiplier les pitreries et les grimaces jusqu'à ce que nous nous jetions dans les bras l'une de l'autre, unies par le même fou rire délicieux et incontrôlable.

Comme il me semble aujourd'hui pathétique et fragile, le rire de cette fillette que j'étais qui jouait à la grande dame, fière de son petit corps, de sa poitrine toute menue qu'elle bombait devant la glace !

Car à cette époque, le mal était déjà en moi, ce mal que je devais plus tard appeler mon infirmité et qui tient en un mot barbare et technique, un mot laid de quatre syllabes : mammectomie. Le sens de ce mot-là, ce n'est qu'au cours de l'adolescence que j'allais le saisir. Oui, ce n'est que plus tard que je devais reconstituer bout à bout le film des événements qui, dès les premiers mois de ma vie, avaient fait de moi une femme à part. Le voici, tel que mes parents me l'ont conté, tel

que, petit à petit, je l'ai découvert, avec une révolte impuissante :
Le 31 décembre 1943, ma mère accoucha dans un hôpital privé de Montréal. Comme je lui en voulu d'ailleurs par la suite de n'avoir pas choisi un plus gros hôpital, mieux équipé, et de ne s'être pas entourée de médecins plus compétents ! Mes parents qui avaient dû attendre quatre ans avant d'avoir un enfant étaient fous de joie à ma naissance. Mais vingt-quatre heures après ma venue au monde, on vint leur annoncer que j'étais entre la vie et la mort.

J'avais fait une montée de lait et une infirmière avait cru bon, pour faire sortir le lait, de me pincer un sein, ce qui avait provoqué une grave infection qui s'était rapidement généralisée. Or, à cette époque, il n'y avait pas de pénicilline au Canada, le seul antibiotique qui eût pu l'enrayer. On me transféra alors dans un autre hôpital où je fus mammectomisée : à l'aide d'un bistouri, le chirurgien gratta sous mon bras pour enlever l'infection et supprima la glande mammaire et donc toute possibilité de développement d'un sein normal.

Peut-être ignorait-on à l'époque les conséquences irréversibles qu'entraînait cette intervention. Il est vrai que c'était là une question de vie ou de mort. Mon mamelon était préservé. Je me retrouvai avec une large cicatrice sur le sein. Une erreur médicale, un geste irréfléchi, qui n'avait peut-être duré que quelques secondes, avait fait de moi à jamais une femme pas comme les autres.

Sans doute, je le sais aujourd'hui, ma mère, toute à la joie d'avoir enfin un enfant, n'a-t-elle pas pleinement pris conscience des dramatiques séquelles que causerait l'opération. Quant à ma grand-mère, elle ne m'en a jamais parlé. Si elle savait que j'étais condamnée à vivre avec un seul sein, peut-être ne voulait-elle pas y attacher trop de gravité. Peut-être aussi son silence était-il sa façon à elle de m'aider à devenir une femme à part entière, malgré mon handicap.

Mon père, lui, pressentait mon infirmité et cette certitude obsédante ne cessa de peser sur lui, je le sais désormais, durant toute mon enfance. C'est ainsi qu'un cercle infernal s'installa : par peur que je ne souffre un jour de ma difformité, il voulait me préserver. Mon « infirmité » lui fournissait un prétexte pour mieux m'avoir toute à lui, me posséder de façon plus absolue que si j'avais été « normale ».

Oui, tout était en place, à mon insu, alors que j'abordais ma dixième année, pour l'enfer que je devais vivre : la mammectomie qui, physiquement, ferait de moi une femme à part, inexorablement, et cet amour paternel possessif, exclusif, contre lequel j'aurais à lutter, autant que contre mes complexes, mon refoulement, la pitié et l'horreur — le mot n'est pas trop fort — qu'adolescente, j'allais m'inspirer. Oui, c'est autant cette image d'une Ginette préservée, manipulée, qu'il me faudrait combattre que le caractère inéluctable et fatidique du fait médical.

Je n'étais encore qu'une fillette que, déjà, les dés étaient jetés et bien des années de lutte désespérée allaient être nécessaires pour renverser la règle du jeu !

J'avais à peine dix ans quand, un matin de mars 1953, au cours d'une visite annuelle de routine au Children's Montreal Hospital, le médecin, après avoir examiné mon sein, devint particulièrement grave. Son doigt effleurait ma peau et, pour la première fois, je pris véritablement conscience des affreuses cicatrices qui couraient sur l'un de mes seins jusque sous mon bras.

—Il va falloir qu'on les diminue, dit le praticien à ma mère. Ginette grandit. Dans son intérêt, je conseillerais une petite intervention.

Quelques jours plus tard, il nous reconvoqua. D'autres médecins étaient présents qui, à leur tour, m'examinèrent, me palpèrent. Assise dans un coin, le visage atrocement pâle, ma mère suivant la scène d'un regard tendu. Torse nu, je la regardais soudain intriguée, puis je fixais les hommes en blanc qui parlaient entre eux avec des mots savants, en hochant gravement la tête. Parfois, mes yeux se posaient sur la grande fenêtre. À travers les arabesques du givre qui ornaient la vitre, je discernais un grand arbre encore chargé de neige. Un oiseau, voltigeant frileusement de branche en branche, piaillait faiblement comme s'il appelait désespérément un printemps qui n'arrivait pas, qui n'arriverait peut-être jamais.

Alors, malgré moi, longuement, je frissonnai.

— N'aie pas peur, petite, on va t'opérer, mais ce n'est rien du tout ! Tu vas voir, ça va bien se passer !

Je me souviens qu'instinctivement, je mis ma main sur mon sein plat et, lentement, suivis du doigt la cicatrice jusque sous l'aisselle. Puis, je me retournai vers ma mère qui tentait bravement de sourire, vers les médecins enfin qui se consultaient entre eux à voix basse.

Je baissai la tête. Certes, je ne comprenais pas vraiment ce qui m'arrivait et, pourtant, j'avais le sentiment confus qu'à partir de ce jour rien ne serait plus comme avant.

En fait, c'était le calvaire qui commençait. Bientôt, il me faudrait lutter de toutes mes forces.

Un temps s'achevait, celui de l'enfance, de la bienheureuse ignorance. Venait le temps du combat.

CHAPITRE II

L'heure de vérité

Le printemps arriva. Enfin, il n'y eut plus de neige sur les arbres qui semblaient se dépêcher de faire éclore au plus vite leurs bourgeons encore malingres endormis dans leur coquille de gel depuis l'automne précédent. Et tout à coup, tel un film tourné en accéléré, tout paraissait se précipiter selon un plan à la fois précis, ordonné et complètement affolé, comme si, pour la nature, après les interminables mois de repos hivernal, c'était soudain une question de jour, d'heure, de minute, comme si la végétation ne savait pas par quel bout commencer pour mieux signaler sa présence, exploser de couleurs et de vie.

Les oiseaux, revenus en nombre, faisaient entendre le vacarme de leurs piaillements et de leurs froissements d'ailes. Les bruits de la ville semblaient reprendre de leur netteté, les pas des promeneurs sur les trottoirs enfin nus, les cris des enfants dans les ruelles, jusqu'au roulement des voitures qui, tout à coup, ne paraissait pas avoir la même sonorité, sur l'asphalte des rues. La cité tout entière bruissait dans l'air limpide, prenait soudain son temps, s'étirait au soleil, tour à tour s'animait et s'apaisait, comme si elle ne parvenait pas encore à croire à la promesse de la chaleur revenue.

Tout cela, en fait, je ne le voyais pas. Je le devinais seulement aux bruits qui me parvenaient par la fenêtre entrouverte de ma chambre, aux senteurs du dehors, fraîches et délicieuses, qui imprégnaient les vêtements de mes visiteurs et qui, durant quelques secondes, triomphaient de l'odeur fade et aseptisée de l'hôpital.

Du soleil, je ne connus, en ce début du mois de mai 1953, qu'un fin rayon éblouissant qui, chaque matin, venait lécher les draps blancs de mon lit et se nicher au creux de mon oreiller immaculé.

Étrangement, je ne me sentais pas malheureuse d'être enfermée alors qu'à l'extérieur, tout s'éveillait au renouveau. J'attendais simplement que le médecin m'autorise à sortir et à rentrer à la maison. Je n'étais pas impatiente. Je m'étais persuadée que j'avais vécu une sorte d'aventure assez glorieuse somme toute, et dont je m'étais tirée, du moins au dire de mes proches, avec tous les honneurs.

—Tu t'es conduite comme une grande fille, m'avait confié mon père, après mon opération. Tu sais que je suis fier de toi ?

Dans le fond, cette intervention que j'avais tant redoutée faisait figure, maintenant qu'elle était passée, d'événement extraordinaire. C'était « mon exploit à moi ». Et puis, je dois avouer que cela représentait une occasion de me faire chouchouter et offrir de nouveaux cadeaux.

Chaque jour, après son travail, durant la longue semaine que dura ma convalescence à l'hôpital, maman venait me voir. Elle s'asseyait près de mon lit et évoquait de sa voix douce tout ce que nous ferions quand je serais rentrée à la maison. Elle me parlait de Rosée, notre épagneule, qui, me disait-elle, tapie chaque matin devant la porte de ma chambre, semblait attendre que je me lève, et aussi de sa déception quand elle voyait le lit vide, même pas défait.

— Elle sera sans doute comme folle quand tu vas revenir, ajoutait ma mère. Fais attention, elle est capable de te sauter dessus et te faire tomber !

Alors, en riant, j'imaginais pour mon retour une foule de stratagèmes. Par exemple, maman me laissait descendre de la voiture un peu avant la maison. Je me cachais et ne paraissais qu'au dernier moment. Mais peut-être la chienne devinerait-elle ma cachette ? Non, ce n'était pas bon, il fallait trouver autre chose . . .

Et il me semblait déjà entendre ses jappements, sa joie tapageuse, et sentir sa langue sur mon visage.

Parfois, grand-maman accompagnait ma mère lors de ces visites. Lorsqu'elle était là, le ton de la conversation changeait, car ma grand-mère désapprouvait ces jeux d'imagination qu'elle jugeait futiles comme elle refusait d'ailleurs de me gâter davantage sous prétexte que j'avais été opérée.

— Ça s'est bien passé, eh bien n'en parlons plus ! affirmait-elle en arpentant ma chambre de son pas décidé.

Et puis, soudain, malgré elle, elle ajoutait :

— As-tu bien mangé aujourd'hui au moins ? Je parie qu'ils te laissent mourir de faim !

Elle ne restait pas longtemps. Elle n'avait jamais aimé les hôpitaux, comme si sa robuste santé, son caractère volontaire se refusaient à cette atmosphère à l'odeur entêtante d'éther, à ce monde de silence et de maladie.

Et puis, bien sûr, il y avait les visites de papa qui accourait dès que son travail lui laissait un instant de loisir, en m'apportant chaque fois un nouveau cadeau.
— Arrête donc ! lui lançait ma grand-mère quand elle se trouvait là. Le chocolat, tu sais très bien que ce n'est pas bon pour les enfants !
Je soupirais. Encore une dispute en perspective ! Mais, dans le fond, cela me flattait de les voir se chicaner ainsi à mon sujet ; la présence de ces trois personnes chéries autour de mon lit semblait réchauffer cette chambre aux murs trop nus, trop blancs, et la rendre moins impersonnelle. Et tout à coup, je ressentais leur amour comme quelque chose de terriblement nécessaire, délicieusement sécurisant.
Quant à l'opération que j'avais subie, je n'en comprenais pas tout le sens. Tantôt j'effleurais le bandage apposé sur mon sein comme un guerrier fier de sa blessure. Tantôt je m'inquiétais. Quand me le retirerait-on ? Allais-je toujours rester ainsi ?
— Mais non ! m'assurait alors mon père avec empressement. Bientôt tout redeviendra comme avant.
Comme avant... Pourquoi ne l'aurais-je pas cru ? J'en avais tant envie de toute mon âme d'enfant. Enfin, on retira le bandage. Avec une légère appréhension, mon regard se posa sur mon sein. En effet, les cicatrices avaient été atténuées.
— L'opération a réussi, annonça le médecin à mes parents. Mais il faut s'attendre...
Il n'eut pas le temps d'achever sa phrase. Une infirmière venait le chercher pour l'emmener au chevet d'un malade qui réclamait ses soins d'urgence.
Je me souviens encore du lourd silence qui, après son départ, s'installa dans la chambre. Ma mère tapotait machinalement son sac à main puis soudain, sans doute pour se donner une contenance, elle entreprit de

remettre en ordre les plis de son manteau posé derrière elle, sur le dossier de sa chaise.

Mon père regardait par la fenêtre. Un bref instant, je scrutai son profil impénétrable. Enfin, je suivis du regard ce qu'il fixait : des oiseaux qui voltigeaient de branche en branche, s'enivrant du parfum des premières fleurs.

Et tout à coup, je me rappelai une autre scène vécue quelques mois plus tôt dans le bureau du docteur. Je revis le visage du médecin penché sur moi et je me revis, moi, soudain perdue, toute frisonnante, ma petite main posée sur mon sein. Une tristesse indéfinissable s'empara de moi et, sans motif apparent, j'éclatai en sanglots. Un chagrin insurmontable m'étouffait, dont je ne pouvais me formuler la raison.

Déjà les bras de ma mère m'encerclaient, sa voix douce chuchotait à mon oreille.

— Qu'as-tu ? Bien sûr, tu t'ennuies ici, ma pauvre chérie ! Bill ! ajouta-t-elle à haute voix en se tournant vers mon père qui s'était approché et ne savait que dire, soudain tout désemparé ; Bill, tu devrais annoncer au médecin que nous la ramenons chez nous. Ou plutôt, pourquoi n'irions-nous pas à notre chalet dans le nord ? C'est l'endroit idéal pour que Ginette achève sa convalescence ! Car rien ne s'oppose plus à son départ maintenant ; elle va tout à fait bien, n'est-ce pas ?

C'est ainsi que, le lendemain, je pus franchir le seuil de l'hôpital. Dans la voiture, mon épagneule Rosée m'attendait et durant tout le trajet, elle n'arrêta pas de me lécher le visage et de me faire fête. La nuit était déjà tombée quand nous arrivâmes au chalet. Je m'étais endormie et mon père dut me porter dans ses bras jusqu'à ma chambre sans doute sous l'œil vigilant de ma chienne qui n'entendait pas me perdre une nouvelle fois !

Ce long mois de convalescence dans le nord restera toujours pour moi l'une des époques les plus délicieuses de ma vie. Chaque jour, je parcourais les bois en compagnie de mon père, avec Rosée sur nos talons. Je revenais de ces promenades comme étourdie par l'air embaumé et vivifiant, les oreilles encore pleines des mille bruits de la forêt, de tous ces cris d'oiseaux que, peu à peu, je parvenais à distinguer.

Une seule chose m'ennuyait : le médecin avait prescrit une pommade avec laquelle ma mère devait me masser le sein pour rendre à la peau son élasticité. Or, je détestais l'odeur de cet onguent qui, assurais-je avec dégoût, sentait la graisse d'ours. Que de ruses je dus employer pour que ma mère soit, comme par hasard, occupée par un travail urgent, lorsqu'arrivait l'heure du massage !

— Ne t'en fais pas, maman ! lui annonçais-je. Je suis assez grande pour le faire toute seule !

Mais au lieu de l'appliquer sur mes cicatrices, j'employais la précieuse pommade médicinale pour cirer les bottes de mon père, lesquelles n'ont sans doute jamais tant relui !

Puis ce fut le retour à Montréal. Ma grand-mère nous attendait de pied ferme, l'œil critique.

— Voyons Bill, reprochait-elle à mon père, excédée de l'entendre chaque jour me poser des questions sur ma santé, à te croire, on dirait qu'elle vient d'échapper à la mort ! Tant de bruit pour une opération de rien du tout !

Une opération de rien du tout... Chère grand-maman, comme tu avais raison ! Avec quelle amertume je devais constater plus tard que ce n'était effectivement rien du tout ! Certes, aujourd'hui, je ne peux incriminer les médecins : la chirurgie reconstructive n'existait pratiquement pas à cette époque. Aussi, que pouvaient-ils faire sinon tenter d'« arranger » les cicatrices et d'atténuer le pire afin qu'en grandissant, je me fasse un peu moins horreur. Dans le fond, à mon insu, on était gentil avec moi. On parait au plus pressé, on s'occupait déjà en quelque sorte de mes futurs complexes. On essayait de tricher pour moi avant même que je sache la vérité parce que les hommes de science savaient, eux, ce que moi, j'ignorais : que le temps de la révélation approchait. Inexorablement.

Des mois passèrent. J'atteignis ma onzième année. Je me souviens encore de ce soir d'anniversaire, le 31 décembre 1954, où, en soufflant mes bougies, je ressentis avec fierté la certitude que j'étais devenue désormais « une grande fille ». Pathétiquement, je m'enorgueillissais encore de l'opération que j'avais subie, cette épreuve dont j'avais si glorieusement triomphé et qui m'avait fait sauter le mur de l'enfance. Cette prise de conscience coïncidait aussi avec mon entrée prochaine au cours classique chez les Dames de la Congrégation. À partir de ce jour, comme pour donner un caractère encore plus solennel à mon accession au « monde des grands », je résolus de transformer le goût que j'avais déjà pour les études en une véritable passion. J'étais d'ores et déjà une bonne élève mais, tout à coup, je décidai, avec cette force soudaine et inébranlable que seuls possèdent les enfants, d'être la meilleure en tout !

— Tu vas te tuer à étudier comme ça ! bougonnait ma grand-mère quand elle me voyait veiller sur mes livres, ressasser mes leçons que je tenais à connaître par cœur, toujours soucieuse d'en faire plus. C'est bien beau d'étudier, ajoutait-elle, mais il faut te distraire aussi !

— Mais non, c'est très bien, répliquait mon père. Je veux que Ginette soit quelqu'un plus tard, qu'elle ait un bon métier qui fasse d'elle une femme autonome !

Une femme autonome... Je ne sus que plus tard ce que ces paroles signifiaient dans sa bouche : il désirait que je puisse m'assumer financièrement tout simplement parce qu'il était évident qu'avec un seul sein, le mariage m'était refusé et qu'il m'était interdit d'envisager de partager la vie d'un époux qui eût pu subvenir à mes besoins, comme les autres filles, les autres futures femmes, celles qui avaient le bonheur d'être « normales ».

Certes, à l'époque, je ne comprenais pas le sens de cet encouragement paternel. Mais quand je repense aujourd'hui à ce goût passionné que je nourrissais pour l'étude, il me semble en retrouver les causes inconscientes : sans doute y trouvais-je cette sensation d'étourdissement à la fois amère et sauvage que je devais rechercher plus tard, quand, devenue femme, j'allais me lancer à corps perdu dans le travail et la réussite professionnelle, dans le seul but peut-être d'oublier. Bien sûr, en ce temps-là, je n'avais rien à oublier et pour cause, puisque je ne savais rien. Mais sans doute pressentais-je ma lutte à venir, car on ne soulignera jamais assez le terrible et parfois redoutable don de divination que possèdent les enfants.

Le temps des fous rires devant le miroir avec ma grand-mère était passé. J'étais « une grande » désormais et je me plaisais à exercer une certaine sévérité rigoureuse autant envers moi-même qu'envers les autres.

— Ginette a beaucoup changé, elle mûrit beaucoup en ce moment, disait mon père.

— Un peu trop ! s'empressait de répliquer ma grand-mère. Elle n'a presque pas d'amis, ce n'est pas normal à son âge !

Et c'était vrai. Insensiblement, sournoisement, je m'enfermais dans une solitude hautaine derrière le rempart de mes livres et de mes cahiers. Certes, à l'école,

mes maîtres ne pouvaient que louer mon soudain assagissement : aux récréations, au lieu de jouer des tours
pendables à mes camarades comme je le faisais autrefois, je m'asseyais à l'écart et me plongeais dans la lecture d'un livre de la bibliothèque. M'aurait-on dit qu'il
s'agissait d'une peur obscure, j'aurais éclaté de rire. Je
pensais tout simplement que j'avais eu tort autrefois de
partager leurs jeux stupides et d'envier leur liberté de
courir dans les rues au sortir de la classe, comme des
vagabonds.
Inutile de préciser que mon père encourageait mon
attitude. Bien sûr, puisque, d'une part, je semblais
m'assurer un avenir de « femme autonome », comme il
disait, et que, d'autre part, je n'avais plus envie de sortir, de lui échapper, et restais ainsi sous sa coupe, dans
l'ombre de sa terrible tendresse.
Mais un nouveau drame se jouait qu'inconsciemment, de toutes mes forces, je tentais d'ignorer. Venait
le temps de l'adolescence, le temps où les corps des petites filles commencent leur lente métamorphose, le
temps où leurs seins se mettent à pousser.
J'avais été menstruée très tôt, dès l'âge de neuf ans.
Cette expérience relativement précoce, que j'aurais pu
vivre comme quelque chose de traumatisant, je la vécus
plutôt comme un événement dont je tirai de la fierté,
puisque les seules paroles que m'avait dites alors ma
mère étaient :
— Maintenant, tu es une petite femme.
Phrase ô combien magique ! En quoi étais-je transformée ? À quoi correspondait ce flux menstruel qui depuis revenait chaque mois inéluctablement ? Je ne le
savais.
Certes, ma grand-mère tentait de me fournir quelques éclaircissements en me donnant un début d'éducation sexuelle, ce qui choquait profondément mon père.

— Il est inconcevable de parler ainsi à une enfant !
explosait-il. D'ailleurs, tu sais très bien que Ginette . . .

C'était alors au tour de ma grand-mère de se mettre en colère. Et la leçon s'arrêtait là.

Toutefois, je sentais une atmosphère de plus en plus lourde autour de moi. Sans doute pensait-on qu'il était quand même temps de m'expliquer « mon état », de me révéler, avant que je ne m'en aperçoive moi-même, ce pour quoi je ne serais jamais une femme comme les autres. L'initiative vint du docteur Woolhouse, le médecin qui m'avait opérée. Et je reconnais humblement aujourd'hui que je lui dois une fière chandelle !

Je me souviendrai toujours de cet après-midi d'automne 1955 — j'allais avoir douze ans — où ma mère m'accompagna au Children's Montreal Hospital pour voir le docteur Woolhouse. Je m'y rendis d'ailleurs sans aucune appréhension. Ces visites médicales, qui m'avaient été imposées régulièrement depuis ma prime enfance, m'étaient devenues habituelles, presque naturelles. J'en connaissais le déroulement par cœur : selon un scénario quasi immuable, maman s'asseyait dans un fauteuil de cuir noir face au bureau du médecin tandis que, avant même d'y être invitée, j'ôtais mon chandail ou mon corsage ; le docteur, après avoir examiné mes cicatrices, hochait la tête, consignait quelques notes dans mon dossier, nous raccompagnait à la porte et, avant de me quitter, me tapotait amicalement la joue.

Aussi, ce jour-là, j'étais loin de me douter qu'une terrible épreuve m'attendait quand la porte de son cabinet se referma sur nous. Ma mère s'installa dans le fauteuil comme à son habitude. Quant à moi, j'allais me déshabiller quand le docteur Woolhouse m'arrêta d'un geste.

— Écoute, Ginette, je dois aller voir d'autres petits patients. Tu es une grande fille maintenant. Veux-tu m'accompagner ?

Je le fixai sans mot dire, d'abord stupéfaite, puis une bouffée d'orgueil m'envahit. Instinctivement, je me redressai, acquiesçai enfin d'un signe de tête avec une gravité solennelle. Voilà que j'étais tout à coup promue au rang d'assistante d'un grand médecin ! C'est tout juste alors si je ne réclamai pas la blouse blanche qui m'était due !

— Viens avec moi.

Nous laissâmes maman et je suivis le docteur dans de grands corridors, dans cette partie de l'hôpital que je ne connaissais pas. Avec quelle fierté je marchais, tête haute, dans l'ombre de mon compagnon qui me précédait dans les longs couloirs blancs impressionnants de silence ! Certaines portes vitrées devant lesquelles nous passions étaient entrouvertes, laissant apercevoir des formes frêles sous les draps, des petits visages pâles reposant sur des oreillers.

— Des enfants nouvellement opérés, me disais-je. Moi, je suis grande, j'ai déjà vécu ça !

Enfin, le docteur s'arrêta devant une autre porte vitrée, actionna la poignée.

— Entre Ginette, me lança-t-il d'une voix soudain plus grave.

J'obéis et pénétrai dans la chambre. Un petit garçon d'une douzaine d'années était couché dans un lit. Ses cheveux d'un blond extraordinairement pâle semblaient faire ressortir encore davantage la pâleur de son visage et aussi la fixité et l'étonnante maturité de son regard. Le médecin s'était approché du malade, lui parlait doucement. Une infirmière, qui était entrée derrière moi, prenait des notes. Je regardais la scène un peu étourdie, soudain désemparée.

Tout à coup, le docteur Woolhouse rabattit le drap. Un cri s'étouffa dans ma gorge. Le petit garçon n'avait plus de jambes. À la suite de quel terrible accident était-il devenu invalide ? Je ne l'ai jamais su. Je me souviens du pyjama bleu rayé qu'il portait, qui semblait flotter autour de son corps grêle et qui, à partir du genou, vide de chair, s'aplatissait sur le drap, inutile, affreusement tragique. Instinctivement, je me retournai, comme épouvantée. Soudain, un rire me fit sursauter, un rire si frais, si gai et spontané que je ne pouvais m'imaginer qu'il eût pu sortir de la gorge du petit infirme. Rassemblant toutes mes forces, je résolus de faire face de nouveau. Je restai interdite. Car c'était bien le petit malade qui riait ! Sans doute le bon docteur Woolhouse avait-il lancé une plaisanterie pour alléger l'atmosphère. Puis, il y eut un court silence. Enfin, le garçonnet se redressa sur ses coudes et sa voix claire s'éleva :

— Alors, c'est bien vrai, demain je pourrai essayer mes béquilles ?

Jamais je ne pourrai oublier la joie qui vibrait dans cette voix-là, une joie qui me paraissait incompréhensible, presque déplacée. Je n'écoutai même pas la réponse du médecin. Une question me hantait : comment cet enfant pouvait-il avoir encore envie de vivre ?

— Allons, viens !

D'une bourrade amicale, le docteur Woolhouse m'entraînait déjà hors de la chambre. Pourtant, avant de partir, je ne pus résister à l'envie de me retourner et de fixer une dernière fois le petit visage qui reposait au creux de l'oreiller, où ne se lisait ni désespoir ni révolte, mais seulement une étrange sérénité à la fois douloureuse et brave, pathétique.

Puis ce fut une autre chambre, un autre visage, une petite fille aux cheveux noirs d'ébène qui avait perdu son bras droit et qui, assise dans son lit, peignait consciencieusement de sa seule main valide une grande poupée blonde.

— Elle est belle, n'est-ce pas ? nous dit-elle en nous la montrant avec fierté. Maman me l'a apportée hier. Je n'en ai jamais eu d'aussi jolie, vous savez !

Mon cœur se serra. Cette fois, je ne parvins qu'avec peine à étouffer le sanglot qui obstruait ma gorge. Piteusement, je battis retraite et attendis le médecin derrière la porte. Tout à coup, j'en voulais au docteur. Pourquoi me montrait-il tout cela ? Un affreux sentiment de désarroi m'étreignait, mêlé de révolte et de pitié.

— Tu sais, cette petite joue souvent au ballon dans le parc quand il fait beau. Malgré son handicap, c'est une vraie championne !

Je sursautai au son de la voix du médecin qui venait de me rejoindre. Déjà, sans me laisser le temps de répliquer, il m'entraînait vers une autre salle.

— Ceux-là sont paralysés, me souffla-t-il à l'oreille. Ils savent pour la plupart qu'ils ne marcheront jamais.

Je pénétrai à sa suite dans une grande pièce très claire, sans doute une salle de loisirs et de jeux. À la fois effrayée et émerveillée, je regardai éperdument ces adolescents privés de l'usage de leurs jambes, condamnés à vie au fauteuil roulant. Pas de cris de souffrance, d'appels au secours. Les uns lisaient, d'autres jouaient aux cartes ou à divers jeux de société. Il régnait une animation paisible et joyeuse. Certains même riaient, d'autres ne faisaient que sourire, mais il y avait tant de paix, tant de sagesse précoce dans ces sourires-là !

Je ne me souviens plus comment je me retrouvai dans le bureau du docteur Woolhouse. Nous dûmes sans doute reprendre le même chemin qu'à l'aller, mais celle qui s'en revenait n'était plus la même Ginette qui, quelques minutes auparavant, arpentait fièrement les corridors ! Telle une somnanbule, les yeux brûlants de larmes qui ne parvenaient pas à jaillir, j'entendis comme dans un rêve la porte capitonnée se refermer sur nous avec un bruit sourd et étouffé. La vue de la pièce familière, de ma mère qui m'enveloppait de son doux regard, tout cela ne suffisait pas à me rassurer. Je tremblais. Tout à coup, j'avais peur, terriblement peur.

— Assieds-toi Ginette. Écoute, j'ai une chose grave à te dire. Tu as douze ans, maintenant tu es une grande fille et tu dois te considérer comme une adolescente, une future femme. Tu sais que je t'ai opérée, il y a deux ans, pour réduire les cicatrices sur ton sein. Je t'ai dit que l'opération avait réussi. C'est vrai. Mais il y a une chose contre laquelle la chirurgie demeure impuissante, malgré toute sa science. Ton sein ne se développera jamais. Tu n'auras jamais deux seins comme les autres filles. Non, ne dis rien, écoute-moi. Quant tu étais bébé . . .

Étourdie, j'écoutais la voix du médecin qui me semblait lointaine, assourdie, comme si elle me parvenait à travers un épais brouillard. De toutes mes forces, je voulais savoir et tentais d'ancrer à jamais dans ma mémoire chaque parole du praticien ; mais, en même temps, tout se brouillait, la chronologie des faits s'entremêlait, le geste de l'infirmière qui avait pincé mon sein, l'infection, l'opération qui avait suivi . . .

— Tu comprends, les médecins se sont décidés à supprimer la glande mammaire pour te sauver la vie . . .

Il continuait de m'expliquer calmement, patiemment, prenant soin sans doute d'éviter les mots trop cruels.

Le silence retomba. Je demeurai anéantie, stupéfaite. Curieusement, aucune question ne me venait aux lèvres. Je restais là, figée. C'est à peine si j'entendais ma mère qui, doucement, pleurait près de moi. J'avais l'impression de tomber dans un grand trou noir, un gouffre sans fond où mon corps se perdait.

Enfin, je relevai la tête et j'eus la sensation humiliante que les coins de ma bouche frémissaient, que les larmes arrivaient.

— Tu as vu tout à l'heure ces enfants. Certains n'ont pas de jambes, d'autres ont un seul bras, d'autres encore sont paralysés pour la vie entière. Ils sont bien plus à plaindre que toi, tu ne crois pas ?

J'acquiesçai en hochant la tête, mais les battements de mon cœur s'affolaient, les larmes prêtes à jaillir brûlaient mes paupières. Non, il ne fallait pas pleurer, il fallait leur montrer que j'étais forte, très forte !

— Écoute, tu n'auras jamais deux seins, c'est vrai, mais tu seras une femme comme les autres. Il faut que tu apprennes à être toi-même et tu deviendras comme les autres une épouse et une mère heureuse, car tu pourras avoir des enfants, de beaux enfants. Je veux que tu sois une adolescente gaie, Ginette, et, plus tard, une femme radieuse et épanouie, tu m'entends ?

Et moi, je continuais d'acquiescer frénétiquement, de toutes mes forces, mais aucun son ne pouvait sortir de ma gorge.

— Reviens me voir quand tu voudras. Je serai toujours ton ami.

Ce jour-là, avant de me quitter, il ne me tapota pas la joue. Il me tendit la main comme pour me montrer que je n'étais plus une enfant, que je venais d'accéder au monde des adultes, à la responsabilité et à la vérité.

À peine avais-je franchi le seuil de l'hôpital que les larmes si longtemps retenues jaillirent enfin. Alors, indifférente aux passants, pelotonnée dans les bras de maman, je me mis à pleurer, sans honte, sans retenue.

Qu'avais-je alors saisi à travers le long discours du médecin ? J'avais seulement compris que quelque chose de grave m'était arrivé quand j'étais bébé, qui faisait de moi un être pas comme les autres, et que ce quelque chose était lié à mon sein qui demeurerait à jamais malade puisque personne, même le bon docteur Woolhouse, ne pouvait le guérir. Oui, à cette époque, le chagrin qui m'étouffait avait encore une cause en quelque sorte confuse, quasi irréelle ; ce n'est qu'un peu plus tard, alors que j'allais entrer plus avant dans l'adolescence, qu'il devait devenir une lancinante et douloureuse réalité quotidienne.

Toutefois, je me rappelle que le soir qui suivit cette terrible visite à l'hôpital, pour la première fois, malgré moi, j'éteignis la lumière pour me déshabiller et revêtir ma chemise de nuit. L'horrible peur de mon corps nu, de son reflet dans un miroir, commençait.

Le temps passait, ce temps qui, tout à coup, était devenu mon ennemi. Je voyais avec terreur les mois s'écouler, ces mois qui me coupaient impitoyablement de mon enfance et me poussaient inexorablement vers l'instant où il me faudrait faire face, coûte que coûte.

Dès lors, le repli sur moi-même ne fit que s'accentuer. L'étude était plus que jamais mon refuge ; les compliments que m'adressaient les religieuses de la Congrégation représentaient ma seule consolation. Je m'interdisais toute amitié. Les garçons m'inspiraient une sourde terreur. Quand l'un d'eux m'aidait à porter mes livres au sortir de la classe, je devenais gauche et empruntée et souvent, sans même le remercier, je m'enfuyais. Quant aux filles, j'évitais de me mêler à leurs conversations car de quoi parle-t-on à cet âge sinon des premiers émois, des premières brèves rencontres encore bien innocentes, de l'achat à la fois si solennel et excitant du premier soutien-gorge ?

Le premier soutien-gorge . . . je voyais s'approcher cet événement, dont s'enorgueillissaient tant les autres, comme un véritable calvaire. Depuis d'innombrables soirs déjà, je n'osais, en me déshabillant, poser mon regard sur ma poitrine de peur de constater une aggravation de la difformité qui se voyait de plus en plus, j'en étais sûre, entre mon sein « normal » qui se développait et l'autre, l'infirme, chair immobile, cicatrisée, blessée à mort.

Vint le jour où il fallut tout de même passer par là : acheter le fameux soutien-gorge. Maman m'accompagna au magasin. Fort heureusement, je n'eus pas à l'essayer devant la vendeuse. Je serais morte de honte ! J'emportai le premier que je prétendis « à ma taille » et, de retour à la maison, je me dépêchai de l'enfouir dans un tiroir.

Ma mère résolut alors de me parler franchement. Elle m'apprit que des prothèses existaient sur le marché. Hélas ! nous pûmes constater au premier essai qu'elles étaient affreuses et faisaient horriblement mal. Restait une autre solution : faire faire un soutien-gorge sur mesure chez une corsetière, mais je m'y refusais. J'aurais préféré me pendre plutôt que de me mettre torse nu devant une étrangère !

Ce fut ma grand-mère qui trouva la solution. Elle était fort simple. Un matin, sans mot dire, elle sortit le fameux soutien-gorge du tiroir et bourra l'un des bonnets de mouchoirs de papier.

— Voilà. Et maintenant, mets-le sans discuter ! me lança-t-elle.

Je ne pus qu'obéir. Grâce au bon sens de grand-maman, un problème était résolu mais, chaque jour, d'autres naissaient, les uns imposés par la réalité, les autres dus à ma seule imagination. Car désormais, à quatorze ans, je vivais quotidiennement avec l'obsession de ce que j'appelais « mon infirmité ». Quand je mettais un chandail un tant soit peu moulant, je m'imaginais que « ça se voyait » ; les blouses larges auxquelles j'avais si souvent recours laissaient paraître elles aussi ma difformité. Car « ils » savaient, tout le monde savait, il leur fallait un seul coup d'œil pour deviner, j'en étais sûre !

Au premier regard anodin qu'un passant posait machinalement sur moi, dans la rue, l'horrible certitude m'étreignait. Il suffisait qu'un passager dans l'autobus me fixe trois secondes pour que je croie lire sur son visage un affreux mélange de surprise et de pitié.

Plus je grandissais et entrais plus avant dans l'adolescence et plus mon infirmité s'imposait à moi telle une montagne énorme, insurmontable. Mon seul refuge était ma chambre et ma seule compagne, la fidèle Rosée à laquelle je pouvais conter librement mon malheur, ma détresse.

— Pourquoi moi ? Pourquoi moi ? lui répétais-je.

Je me sentais marquée par un affreux destin, victime d'une injustice révoltante contre laquelle je ne pouvais rien faire. Rien ! Certes, parfois, j'avais le goût de me battre, de faire face, mais la vue des pull-overs trop moulants, des robes trop échancrées à la devanture des magasins suffisait à me décourager et je retombais dans mon enfer. Alors, je retournais me confier à Rosée, elle qui ne parlait pas et qui savait si bien m'écouter.

Que d'heures j'ai passées ainsi, le visage enfoui dans ses longs poils soyeux, le corps secoué de lourds sanglots !

— Je ne serai jamais une femme comme les autres !
Jamais !

Voici les mots lancinants que je ne cessais de me
répéter. Comme pour m'étourdir, je continuais de me
jeter dans les études, éperdument, passionnément. C'est
d'ailleurs vers cet âge de quatorze ans que je résolus de
devenir plus tard chirurgien. Car c'était vers le monde
de l'hôpital que me ramenaient mes obsessions, ce monde que, d'ordinaire, les enfants ne connaissent que pour
une appendicite ou quelque autre incident de parcours,
mais qui m'était, à moi, si familier et qui faisait partie
de ma vie depuis ma naissance.

Et puis, une autre raison me poussait à choisir cette profession : j'étais sûre qu'une fois « savante », je
réussirais à remédier à mon infirmité et peut-être à recréer ce sein qui me manquait.

Hélas ! les moments d'exaltation ne duraient pas ;
la vision d'un avenir miraculeux s'estompait vite. Restait la réalité tangible, quotidienne, encombrée de miroirs que je fuyais, de ces miroirs encore plus impitoya-
bles que représentaient pour moi les regards des autres.

Fort curieusement d'ailleurs — et ce n'était là que
l'une de mes multiples contradictions — si, d'une part,
je désirais devenir chirurgien et demeurais fascinée par
le monde de la médecine, je nourrissais une haine aussi
farouche qu'implacable envers les infirmières. Certes, à
travers elles, c'était celle qui, en me pinçant le sein à
ma naissance, avait été la cause indirecte de mon infirmité, que je détestais de toutes mes forces. Comme je la
haïssais, cette femme dont je ne devais jamais connaître
le visage ! Dès lors, il suffisait que je croise une quelconque de ses collègues revêtue de l'uniforme abhorré, dans
un couloir de l'hôpital, pour que, malgré moi, je frison-
ne de colère et de révolte. Il m'a fallu bien des années
pour dissocier la profession d'infirmière de l'inconnue

qui, un certain jour de tout début janvier 1944, par un geste imprudent, un petit geste bien anodin en apparence, avait scellé mon destin. Oui, il m'a fallu bien du temps pour ne plus haïr. Aujourd'hui, je sais que la haine que j'éprouvais était en fait la haine de moi-même, que cette horreur qui me faisait frémir était l'horreur que, moi-même, je m'inspirais.

Mais comment, à cette époque, aurais-je eu la force de comprendre et de pardonner, moi qui m'estimais victime d'une infirmité insurmontable ? La leçon que m'avait donné le docteur Woolhouse ne portait pas ses fruits : j'étais l'être le plus malheureux du monde. L'univers s'écroulait à cause d'un sein, un petit sein condamné à l'atrophie, un sein qui était devenu le centre du monde. Et il me fallait des responsables au plus vite pour crier vengeance et réclamer justice. Les infirmières, toutes sans exception, l'étaient en premier lieu. Mais une autre personne, plus chère celle-à, partageait la faute : ma propre mère.

— Pourquoi as-tu accouché dans une clinique privée ? Tu savais très bien que le personnel y serait moins compétent que dans un gros hôpital ! Tu ne pensais donc pas à moi ? Qui me dit que tu as tout tenté ? C'est peut-être à cause de toi que je suis comme ça !

Tels sont les reproches que je lui adressais et dont je reconnais aujourd'hui la cruauté injustifiée. Maman tentait doucement d'argumenter, mais je revenais à la charge encore plus véhémente, plus impitoyable. Alors, souvent, elle se taisait. Il lui arrivait même de quitter la pièce et je devine maintenant qu'elle allait sans doute se réfugier dans sa chambre pour cacher ses larmes.

Aujourd'hui, bien sûr, je trouve que j'étais injuste à son égard, mais le mot justice a-t-il un sens quand on a à peine quinze ans et qu'à l'âge où les autres filles s'enorgueillissent de devenir femmes, on est obligé de tricher avec son corps et de lutter contre l'horrible certitude d'une solitude éternelle ?

Ma grand-mère, quant à elle, me « secouait » selon sa méthode habituelle, avec une tendresse mêlée de brusquerie :
— Avec un sein ou deux, une femme est toujours une femme ! me lança-t-elle un jour, exaspérée par mon comportement.

Ce fut sans doute la première et l'unique fois où elle fit directement allusion à mon « infirmité ». Je ne compris pas la leçon et tirai pour seule conclusion de ses propos qu'elle ne pouvait pas comprendre l'étendue de mon malheur. Dès lors, ce fut vers mon père que je me tournai, lui qui, déjà lorsque j'étais enfant, représentait un véritable rempart contre le monde extérieur.

Inutile de préciser que, depuis ce jour fatidique d'automne 1955 où j'avais appris la vérité sur mon sort, la tendresse paternelle s'était faite encore plus possessive et exclusive. Je fuyais désormais ma grand-mère dont la lucidité m'épouvantait ; ma mère n'était plus pour moi qu'un objet de reproches et son doux amour accablé m'agaçait. Restait mon père qui, ravi, me voyait revenir à lui, désireuse de rester à jamais sa petite fille, sa poupée chérie.

Aussi était-ce avec lui et non avec des camarades de mon âge que je passais la plupart de mes loisirs. Les fins de semaine, souvent, nous allions à la chasse, tous les deux, ou à la pêche. Il me considérait alors comme son garçon, son égal, et désirait que je devienne une sportive accomplie. Il voulait aussi que je fasse de la natation, mais un problème alors se posait : au premier plongeon, les mouchoirs de papier que je mettais à même ma peau, sur mon sein atrophié, seraient imbibés d'eau ! Ce fut ma grand-mère qui, encore une fois, trouva la solution : elle bourra l'un des bonnets de mon soutien-gorge de chiffons enveloppés dans du papier ciré. Ainsi, ils ne se mouillaient pas.

Mais si, aux côtés de mon père, dans la campagne, au cœur des forêts, au bord des rivières, j'avais le droit de courir, de mener une vie quelque soit peu aventureuse, à peine rentrée à la maison, je devais redevenir une petite fille sage et docile, toute soumise à l'adoration paternelle.

— J'ai tellement peur que quelqu'un te fasse du mal !

Ces mots que mon père me disait déjà lorsque j'étais enfant, j'en comprenais maintenant tout le sens ; je lui en étais presque reconnaissante, car n'était-il pas le seul être qui comprenait l'étendue de mon malheur ?

Parfois, des idées folles passaient dans mon esprit que seule Rosée avait le privilège d'écouter :

— Et si je ne devenais jamais adulte ? Pourquoi ne pas m'arranger pour n'être jamais une femme ? Je pourrais rester avec papa toute ma vie, il me protégerait, lui !

Je sais aujourd'hui combien fut néfaste l'attitude de mon père qui, en fait, m'encourageait à ressasser mes complexes, à refuser cet âge adulte qui m'épouvantait. Pauvre papa, ai-je le droit de t'en vouloir, toi qui n'as eu que le tort de trop m'aimer, de mal m'aimer ?

J'allais bientôt atteindre ma seizième année. J'étais alors assez grande pour mon âge et je m'habillais avec beaucoup de soin, ce qui faisait dire à mes camarades de classe que j'étais trop coquette. S'ils avaient su ! Hélas ! ce n'était pas pour plaire que je conférais tant d'importance au choix de mes vêtements et à mon apparence extérieure, mais pour tenter de camoufler le mieux possible ma « difformité » !

Je n'avais aucun ami, seulement quelques vagues camaraderies avec une ou deux de mes condisciples que je m'empressais d'ailleurs d'éloigner quand elles devenaient trop familières. Car on dit tout à une amie et ce « tout », je n'aurais eu la force de le confier à quiconque.

Les mois passaient. Peu à peu, tout de même, la tendresse paternelle et l'amitié de la fidèle Rosée me pesaient. Sans cesse, je passais par des états d'âme contradictoires :

— Pourquoi n'ai-je pas le droit d'avoir des amis ? reprochais-je souvent à mon père d'un ton amer.

Mais me l'aurait-on permis, m'aurait-on présenté la meilleure amie du monde, j'aurais fui aussitôt, épouvantée. En fait, je voulais compter sur quelqu'un sans que ce quelqu'un soit là, avoir un confident sans que ce dernier possède un visage et, surtout, un regard.

Ma grand-mère, à sa façon toujours aussi franche et directe, ne manquait pas une occasion de me donner son point de vue :

— Je ne te comprends pas. Est-ce une vie pour quelqu'un de jeune comme toi de se tuer à étudier comme tu le fais ! Amuse-toi donc un peu ! Regarde-toi dans une glace, tu es une belle fille !

Comment aurais-je pu lui dire que c'était impossible ? Comment aurais-je pu lui expliquer que lorsqu'un garçon me parlait dans la rue, je restais interdite, comme statufiée, morte de peur qu'il ne s'aperçoive de mon infirmité, certaine, trois secondes plus tard, qu'il « savait », parce que tout le monde savait, parce qu'il n'était pas possible, malgré toutes mes pauvres ruses vestimentaires, de ne pas savoir ?

Et pourtant, le temps approchait où coûte que coûte il me faudrait sortir de mon cocon. J'allais atteindre ma dix-septième année quand un événement fort anodin en apparence se produisit qui allait m'obliger à me jeter, en quelque sorte, dans la vie sociale. Ce fut sans doute mon premier pas, ô combien hésitant et douloureux, vers ce « monde du dehors » qui me terrorisait.

CHAPITRE III

Mon premier défi

Un jour, à la sortie du collège, une de mes camarades de classe m'invita à un « party » qu'elle donnait le samedi suivant pour son anniversaire. J'eus l'imprudence d'en parler à ma grand-mère, une fois rentrée à la maison.

— Tu vas y aller, j'espère, répliqua-t-elle. C'est quand ? Après-demain ? D'ici là, tu viendras avec moi et je t'offrirai une robe.

Mon père, lui, se montra plus réticent :

— On perd toujours son temps à ce genre de soirée ! Et puis cela peut finir tard... De toute façon, je trouve que Ginette a l'air fatiguée ces temps-ci et...

S'ensuivit une des disputes les plus âpres qui aient jamais opposé mon père et ma grand-mère. Finalement, ce fut ma mère qui trancha :

— Belle-maman a raison. Ginette doit y aller. Sa camarade n'habite qu'à quelques maisons de la nôtre et elle a si peu souvent l'occasion de s'amuser !

C'est ainsi que je me résignai à accepter l'invitation. Car c'est bien là le mot : j'avais l'impression d'être une victime marchant vers le sacrifice ! Pourtant, le soir qui précéda le fameux party, je ne parvins pas à m'endormir ; mon cœur battait très fort ; malgré moi, je frissonnais de peur ... et aussi, sans que je n'ose me l'avouer, d'impatience.

Entre-temps, grand-maman m'avait emmenée dans un magasin pour que je choisisse une nouvelle robe. Cet achat avait d'ailleurs été une occasion de plus de me plaindre et de me recroqueviller sur mon malheur, quand j'avais vu toutes les belles robes tant soit peu décolletées que je ne pouvais porter, les corsages trop légers qui m'étaient refusés. Plusieurs fois, j'avais failli sortir de la boutique et il avait fallu toute l'énergie de ma grand-mère pour me retenir. Enfin, la robe avait été choisie, mais avec quelle mauvaise grâce j'avais consenti à me regarder dans la glace du magasin, sous le regard de la vendeuse qui, derrière ses sourires doucereux, ne parvenait pas à me donner illusion, car elle s'était aperçue de mon infirmité, j'en étais sûre !

À peine arrivée, le fameux soir, chez ma camarade, vite, je courus m'asseoir à l'écart dans le salon, sur la première chaise que je trouvai libre. Et je restai là, les mains croisées sur ma robe que j'avais étirée le plus possible pour cacher mes genoux. Puis, résolument, je plaçai mon sac à main debout tout contre ma poitrine. Ainsi, me disais-je, personne ne remarquera. Car ce sein, ce petit sein « en moins » était le centre d'intérêt, le point de mire de tous les regards, je ne pouvais en douter !

Vint le moment où un garçon s'approcha et m'invita à danser. J'eus un instant de panique, de total affolement. Il était hors de question pour moi d'accepter, d'autant plus que la danse en question était un slow : en me tenant tant soit peu contre lui, il aurait eu vite fait de deviner la présence de ces affreux chiffons sur l'un de mes seins, sous l'étoffe légère de ma robe ! Qui sait alors s'il n'aurait pas éclaté de rire avant de s'empresser d'en parler aux autres, ou pis : peut-être auraitil eu pitié ?

— Je... Excusez-moi... Je ne sais pas ce que j'ai ce soir... J'ai terriblement mal aux jambes...

Ce disant, je devins sans doute aussi rouge qu'une tomate bien mûre, mais il n'insista pas et se dirigea vers une autre fille. Je le regardai s'éloigner, soulagée et triste aussi, plus triste, pensais-je, que je ne l'avais jamais été.

Quand je rentrai à la maison, cette nuit-là, je fus contente de constater que toute la famille était déjà couchée. Ainsi, je n'avais pas à raconter ma soirée. Je courus dans ma chambre et me jetai sur mon lit, en larmes.

— Jamais je ne pourrai me marier, devenir une femme comme les autres ! me répétais-je. Je suis infirme ! Infirme !

Ce soir-là, je m'endormis en sanglotant.

Et les jours, les mois, continuèrent de s'écouler. Mon calvaire s'accentuait, l'obsession de mon malheur, de ma difformité ne cessait de me torturer. Pourtant, il fallait me faire une raison : le temps de l'enfance était bel et bien fini, la période de l'adolescence allait elle aussi bientôt s'achever ! Je ne pouvais pas non plus me reposer entièrement sur mes proches comme je l'avais fait jusque-là : je ne parvenais pas à retrouver avec ma mère ces rapports à la fois si doux et si intimes qui me liaient à elle lorsque j'étais enfant ; tantôt ma grandmère faisait mon admiration par son caractère autono-

me, résolu et décidé, tantôt elle m'exaspérait et m'épouvantait par ses conseils, ses « secoue-toi ! » perpétuels.

Quant à papa, si j'avais cru durant un temps voir en
lui mon seul rempart contre les menaces du monde extérieur, je comprenais déjà que je ne pouvais impuné-
ment redevenir « sa » petite fille.

D'autre part, ce party chez ma camarade où je
m'étais rendue, ce premier pas vers l'extérieur, vers les
autres, avait changé quelque chose en moi. Au fond de
ma détresse, j'étais quand même trop lucide pour ne
pas convenir que j'avais été totalement ridicule. Dès
lors, j'avais pris la décision de me rendre à d'autres soirées de ce genre. Hélas ! chacune d'elles se soldait par
un échec lamentable. J'avais beau me sermonner, il
suffisait que l'on m'invite à danser pour que mes jambes me fassent, aussi soudainement qu'inexplicable-
ment, horriblement mal !

Et l'enfer où je m'enfermais moi-même continuait,
sans issue, quand un événement vint changer ma vie
matérielle et me poussa, bon gré mal gré, à faire un
nouveau pas vers le monde du dehors et à sortir enfin
du cocon familial.

À l'automne 1960, mon père tomba assez gravement malade. Il était allé à la chasse et sans doute
avait-il commis quelque imprudence. Toujours est-il
qu'une fois rentré à la maison, il dut s'aliter. Le médecin diagnostiqua une pleurésie. La radiographie ayant
révélé la présence d'une cavité dans le lobe gauche du
poumon, il fut hospitalisé.

Cet événement fut, je le reconnais aujourd'hui, extrêmement important pour moi. Tout d'abord, il ap-
porta de grands changements dans ma vie matérielle :
ma mère — je ne le sus que par la suite — avait toujours rêvé d'une existence de couple autonome en
dehors de l'influence parfois trop envahissante de sa

belle-mère, bien que, devant moi du moins, elle ne se soit jamais plainte ouvertement de la présence de cette dernière. Aussi profita-t-elle de l'hospitalisation de mon père pour déménager et s'installer avec moi dans un logement voisin de la maison que nous avions occupée jusque-là. Quelques mètres nous séparaient de notre ancienne demeure où seule, désormais, habitait ma grand-mère. Le fait d'être placée tout à coup dans un nouveau cadre me fut sans doute très salutaire. Que je le veuille ou non, le destin avait choisi pour moi de rompre avec cette enfance que je ne me décidais pas à quitter.

D'autre part, je dois avouer que, malgré toute la peine réelle que me causait la maladie de mon père, sans en convenir vraiment à l'état conscient, je vécus son hospitalisation comme une délivrance. Le mot peut paraître cynique, mais il est vrai que j'étais enfin débarrassée de sa présence qui m'étouffait à force de tendresse, de prévenance, et ce fait contribua sans nul doute à me révéler à moi-même les véritables contours de ma personnalité que je tentais jusque-là d'ignorer et aussi à faire renaître la « vraie Ginette », la Ginette volontaire qui avait le désir de vivre, de s'en sortir.

Enfin, et ce ne fut pas l'une des moindres conséquences de la longue hospitalisation de mon père, au cours des mois, des problèmes d'ordre financier apparurent. J'avais toujours vécu dans une certaine aisance ; or, l'immobilisation de mon père, sa mise à l'écart de la vie active, allaient bientôt me contraindre à rapporter quelque argent à la maison, car le salaire de ma mère ne pouvait suffire. Et cette obligation m'allait être, elle aussi très salutaire.

Ce fut sans doute à dater de cet automne 1960 que commença mon vrai combat. Non plus cette lutte intérieure masochiste que j'avais connue jusque-là, ce ressassement stérile et interminable de mes vieux complexes ; le monde était là devant moi et je ne pouvais plus l'éviter : les hasards du destin allaient enfin m'obliger à y prendre place, à y prendre « ma » place. Ce fut aussi à cette époque que je recommençai à me rapprocher de ma grand-mère. Depuis qu'elle n'habitait plus avec nous, j'éprouvais un nouveau plaisir à lui rendre visite. Elle redevenait une amie, la merveilleuse complice que j'avais connue étant enfant. Comme elle m'avait aidée, petite fille, à conserver ma joie de vivre, elle allait m'encourager à faire mon entrée dans le monde des adultes et à acquérir les premiers rudiments de la vie sociale.

J'avais alors près de dix-sept ans et je n'étais tout de même pas assez naïve pour ne pas m'apercevoir que, parfois, tel ou tel garçon me faisait la cour à la sortie du collège, ô bien innocemment et maladroitement ! Certes, je demeurais toujours aussi gauche et interdite qu'auparavant et pourtant, quelque chose de neuf se passait en moi : un sentiment de fierté empourprait mes joues et, durant quelques secondes, je m'abandonnais avec délices à l'idée que je pouvais plaire, moi aussi. Je courais alors confier l'entrevue à ma grand-mère qui se contentait de m'écouter en souriant.

Certes, on ne pouvait parler de flirt. Mon éducation fort stricte m'avait conditionnée à un comportement de jeune fille sage et pure. D'ailleurs, j'aurais été bien incapable de laisser se refermer sur moi les bras d'un garçon, tant j'aurais été folle de terreur qu'il se rende compte de mon affreuse, de mon hideuse difformité ! Si, comme toutes les filles de mon âge, il m'arrivait de rêver au premier baiser, l'idée des premières caresses, de la première étreinte, aussi chaste fût-elle, me remplissait d'épouvante. Toutefois je devais reconnaître qu'avec le temps, je faisais quelques progrès. De plus en

plus, grâce à ma grand-mère qui savait si bien m'écouter, j'apprenais à laisser parler mes désirs, à les considérer comme naturels et non pas monstrueux, comme
l'expression naissante et somme toute fort normale de
ma vocation de femme.

Et puis, surtout, mon père n'était plus là pour me
répliquer quand je lui parlais de tel ou tel garçon qui
m'avait l'air gentil :

— Voyons, Ginette, à quoi penses-tu ? Il n'est pas
assez bien pour toi !

Car, selon lui, aucun garçon ne me méritait et il
décelait immanquablement chez mon « soupirant » une
vulgarité insoutenable dans ses gestes ou sa démarche,
ou encore une bêtise incommensurable et sans appel,
quand il ne condamnait pas le pauvre garçon en bloc
sans même daigner donner de raisons !

En l'absence, donc, du veto paternel, ma grand-
mère décida de prendre les choses en main. C'était elle
qui me servait en quelque sorte de commissionnaire et
qui prenait pour moi en note les rendez-vous que me
donnait timidement tel ou tel de mes « amoureux ». Au
jour dit, elle m'accompagnait au lieu fixé, souvent le
restaurant d'un grand magasin de la ville. Là, elle
m'offrait un gros sundae et me laissait deviser avec mon
compagnon ; puis, l'entrevue terminée, elle me raccompagnait à la maison !

Ces entrevues bien innocentes peuvent sans doute
faire sourire les jeunes filles d'aujourd'hui mais, pour
moi, elles furent d'une importance capitale. Car j'y faisais une sorte d'apprentissage ; j'y apprenais le courage
de continuer à parler même quand je sentais le regard
du garçon fixé sur moi ; j'y apprenais le rire aussi et les
premiers rudiments d'une coquetterie certes encore bien
naïve ; j'y découvrais peu à peu la conscience de mon
propre pouvoir de femme.

Mes rapports avec ma mère s'en trouvaient changés également. Je ne l'accablais plus de reproches. Le fait de vivre seules toutes les deux nous rapprochait et, au-delà de la vision égoïste de l'enfance, je retrouvais en elle une amie, une égale, une sœur. Elle aussi, de son côté, avait changé à mon égard. Si elle se montrait toujours aussi douce et compréhensive, elle devenait aussi plus exigeante et, parfois même, mes moments de cafard parvenaient à l'exaspérer.

Et curieusement, ce fut d'elle, de cet être si doux et si soumis, que je devais recevoir le premier bon coup de pied qui allait me forcer à sortir de moi-même véritablement.

Je venais tout juste d'avoir dix-sept ans. Un jour de printemps 1961, en rentrant à la maison, maman me trouva en larmes. La cause de mon désespoir était une certaine robe que j'avais vue à la devanture d'une boutique et que je ne pouvais porter. J'incriminais mon infirmité et ne cessais de me lamenter en sanglotant. Soudain, je m'arrêtai net : au lieu de me prendre dans ses bras pour me consoler comme à son habitude, ma mère me fixait en silence d'un regard durci. Enfin, la fermeté de sa voix me fit sursauter :

— Avec un sein ou deux, de toute façon, avec le caractère que tu as, tu ne seras jamais une femme !

Ces mots sonnèrent pour moi comme un ultimatum. Je me redressai, terriblement vexée, piquée au vif. Je tremblais de colère.

— Je ne serai jamais une femme ? répliquai-je d'une voix vibrante. Eh bien, je vais vous prouver le contraire, à vous tous !

Ce fut là le premier défi que je lançai à la société tout entière et je dois reconnaître aujourd'hui qu'à dix-sept ans passés, il était grandement temps !

À dater de ce jour, mon comportement changea. Abandonnant mon attitude passive et désespérée, je passai tout à coup à l'autre extrême. Je ne tenais pas en place, débordais d'activité ; je retrouvais en moi l'autre Ginette, la vraie, la profonde, la volontaire. Je dressai un plan : tout d'abord, je devais me documenter sérieusement sur la question de la mammectomie, sur les moyens qui existaient sans doute d'y remédier, avant d'affronter le monde et de leur faire voir à tous qui j'étais !

Je fis alors venir à la maison tous les livres de chirurgie plastique dont je découpais les annonces dans les journaux. Je lisais aussi tous les comptes rendus des congrès tenus dans le monde sur ce sujet, dix fois, cent fois, jusqu'à les connaître par cœur. Au fur et à mesure des semaines, les ouvrages s'entassaient dans ma chambre, que je dévorais avec passion, soulignant les passages relatifs à la chirurgie du sein, m'étourdissant de mots savants. Tous les noms des médecins illustres m'étaient connus que ce soit en Amérique ou en Europe, car je commandais non seulement des livres venant des États-Unis, mais aussi d'Allemagne, d'Angleterre ou de Suisse. Puis, j'entrepris de téléphoner à tous les hôpitaux de la ville de Montréal et je demandai où en était la chirurgie reconstructive dans leur service. Parfois je m'enhardissais à exposer mon cas. On me conseillait alors de prendre rendez-vous. Hélas ! le coût de la plus petite intervention en chirurgie plastique était très élevé et je n'avais pas les moyens financiers de payer les honoraires. Quant à demander de l'argent à ma mère, un sentiment de fierté me l'interdisait, d'autant plus que je n'osais encore avouer à quiconque mon désir de consulter un spécialiste !

Mais entre-temps, mon cours classique s'achevait tandis que ma vocation de futur chirurgien faiblissait.

Peut-être me sentais-je trop maladroite sur le plan manuel, et puis la perspective de longues études m'était refusée, car je comprenais que, bientôt, il me faudrait choisir un métier pour pallier à l'immobilisation forcée de mon père et rapporter un peu d'argent à la maison.

Un beau jour, je décidai de prendre des cours de « modelling ». Ce choix, certes, s'expliquait fort bien puisqu'il avait trait à mon infirmité à laquelle me renvoyaient toujours mes obsessions. Mais il représentait aussi pour moi un véritable défi : choisir, quand on n'a qu'un sein, une profession reposant presque entièrement sur le physique était bel et bien une gageure ! Or, ce pari, je voulais le gagner car autant, durant des années, j'avais de tout mon être refusé le monde extérieur, autant, ivre de mes forces nouvelles, je désirais maintenant m'imposer à lui et en triompher !

Bien sûr, mon père qui, de retour de l'hôpital, poursuivait sa longue convalescence à la maison, s'opposa catégoriquement :

— Si l'on m'avait dit un jour que mon enfant, ma propre enfant deviendrait un mannequin ! Voyons, Ginette, c'est bon pour les filles faciles, les filles de rue !

De fait, mon brave papa ne faisait que partager l'opinion de bien des pères de famille à cette époque car, dans les années soixante, « mannequin » rimait tout bonnement avec « catin ».

Pourtant, je tins bon, non pas à la façon dont, petite fille je tempêtais ou tapais du pied, furieuse que l'on s'oppose à la réalisation d'un de mes caprices, mais à la manière d'une femme adulte qui calmement, fermement, choisit son avenir.

De sorte que, sans doute surpris de ma volonté et de voir se dresser contre lui une autre Ginette à laquelle il n'était guère habitué, mon père céda.

C'est ainsi que, rassemblant tout mon courage, je m'inscrivis dans une grande école de modelling de Montréal. Durant des semaines, avec une conscience qui m'apparaît aujourd'hui si touchante et pathétique, je suivis des leçons de maintien, de maquillage et de coiffure. J'étais sans doute l'une des élèves les plus appliquées du cours, une des plus gaies aussi ; certaines de mes camarades me disaient même envier la joie de vivre et la volonté qui semblaient exhaler de tout mon être. Si elles avaient su combien il me fallait lutter contre mes complexes, le matin, quand je quittais la maison, et quelle force m'était nécessaire pour me persuader, à l'école, devant les hauts miroirs qui nous réflétaient, que j'étais comme les autres, que je « pouvais » être comme les autres !

Aujourd'hui, je reconnais combien ces cours me furent salutaires : peu à peu, j'apprenais à ne plus avoir peur de me redresser ou de bomber le torse en marchant, à me familiariser avec mon propre corps que j'avais tant haï, et aussi à choisir les vêtements qui convenaient à ma silhouette et à ma personnalité. C'est ainsi qu'un beau jour, je compris que si je devais renoncer à telle robe ou tel chandail moulant, ce n'était pas tant à cause de mon infirmité secrète que je vivais comme une tare, mais peut-être aussi, tout simplement, parce que telle coupe ou telle couleur ne me seyait pas. Cette découverte peut paraître bien anodine, mais elle fut pour moi d'une importance capitale.

En somme, je faisais l'apprentissage de la féminité, de « ma » féminité. J'enregistrais d'ailleurs de réels progrès. C'est ainsi qu'à mon entrée à l'école, je m'étais enfin décidée à porter une prothèse mammaire que je continuais d'ailleurs à trouver affreuse et qui n'était pas à ma taille. J'avais résolu le problème en portant mon soutien-gorge très serré afin que ladite prothèse ne puisse pas bouger. Et je dois dire que l'illusion était parfaite. Personne dans le cours ne soupçonnait que Ginette Creighton avait été mammectomisée et, bien sûr, je serais morte sur place plutôt que de le confier à quiconque !

Et puis, un jour, on nous annonça que nous devions participer à une présentation de modèles de grands couturiers dans un grand hôtel montréalais. Je ne me doutais pas alors de la redoutable épreuve qui m'attendait.

Pour le premier numéro, il me fallait porter un deux-pièces d'une coupe fort classique. Cela ne représentait donc aucun problème pour moi. Aussi, quand ce fut mon tour, je montai hardiment sur le podium, un sourire radieux sur les lèvres. Mais c'était déjà là une grande victoire pour moi que de m'avancer, de la démarche que l'on m'avait apprise, sur le long tapis rouge, et de pivoter avec grâce sous les regards critiques de l'assistance assise en demi-cercle sur les précieuses chaises de bois doré, dans le grand salon luxueux drapé de velours bleu.

Je m'en souviens encore : quand les applaudissements retentirent saluant la fin de ma démonstration, mon cœur se mit à battre plus fort. Une enivrante certitude m'envahit : personne n'avait remarqué. J'avais gagné !

Vint le second numéro. Je devais maintenant présenter une robe d'après-midi. Étant donné que j'avais un long cou, l'habilleuse me fit aussi porter un grand chapeau et la démonstration se déroula fort bien, sans aucun accroc. J'avais triomphé une nouvelle fois.

Restait le troisième et dernier numéro.

— Vous avez maintenant une certaine expérience, je peux vous laisser vous débrouiller toute seule, me lança l'habilleuse alors que j'entrais dans la petite pièce où je devais me préparer. Le modèle que vous avez à porter est accroché au cintre là-bas, c'est le numéro 55 ! ajouta-t-elle avant de disparaître pour aller habiller sans doute un autre mannequin.

Je m'avançai alors et décrochai du cintre désigné... une robe du soir fort moulante et surtout extrêmement échancrée ! Une folle panique s'empara de moi. Que pouvais-je faire ? Me fallait-il renoncer, aller trouver la directrice et lui dire piteusement : « Excusez-moi, madame, je n'ai qu'un sein, je ne peux pas porter cette robe » ?

Non. Je ne le devais pas. Toute ma fierté, ma dignité se refusaient à cette échappatoire humiliante. D'ailleurs, n'était-il pas déjà trop tard ? Rassemblant toutes mes forces, je résolus de faire face.

Rageusement, je me déshabillai, enfilai la fameuse robe. Un court instant, je restai là, plantée devant le miroir, tandis que, de la pièce voisine, me parvenaient comme dans un rêve les rires et les chuchotements des autres filles qui se préparaient elles aussi, qui étaient peut-être déjà prêtes !

— Il faut que je fasse quelque chose ! me répétais-je. Il le faut !

Tout à coup, d'un geste sec, je saisis une paire de ciseaux qui était posée sur la table devant moi et je coupai mon soutien-gorge au maximum. Puis, je pris une poignée de Kleenex et les mis sur mon sein. Enfin, résolument j'agrafai mon soutien-gorge dans ma robe et, d'un pas décidé, sortis de la pièce.

Hélas ! je n'étais que trop consciente qu'au moindre mouvement, en vertu de la loi de la pesanteur, mon subterfuge pouvait être découvert ! Ce fut lorsque je mis le pied sur le podium que la solution m'apparut : je pivotai et repivotai tellement, cet après-midi-là, que

l'assistance en fut sans doute étourdie pour un bon petit bout de temps ! Mais tourner, tourner encore, offrir
une image toujours mouvante au public sans que jamais les regards ne puissent se poser plus de deux secondes sur ma poitrine, n'était-ce pas là la seule façon
de m'en sortir ?

Quand, encore une fois, les applaudissements s'éle-
vèrent, aussitôt, je me précipitai dans la petite pièce où
je m'étais préparée. J'avais envie à la fois de rire et de
pleurer. Je venais de faire une découverte fantastique :
je pouvais tricher ! J'avais le pouvoir de faire illusion si
je le voulais, car ce n'était pas vrai que tout le monde
savait ! Oui, si je le voulais, les autres ignoreraient toujours que Ginette Creighton n'avait qu'un sein, qu'elle
portait une affreuse prothèse mammaire ou une poignée
de Kleenex dérisoires dans son soutien-gorge et que, depuis des années, elle se faisait horreur et se torturait
avec ses complexes !

À peine rentrée à la maison, je me précipitai pour
raconter à ma mère mon aventure.

— Si tu es capable de faire cela, c'est fantastique !
me dit-elle d'une voix émue en me serrant tout contre
elle.

Et nous n'en finissions pas d'éclater de rire comme
deux amies, folles de joie, délicieusement complices.

Hélas ! l'exaltation et l'excitation de la victoire ne
furent que de courte durée. La vie continuait et si à l'é-
cole de modelling, dans ce monde artificiel, je pouvais
donner illusion aux autres et aussi à moi-même, il n'en
était pas de même à la maison où, dans la solitude de
ma chambre, je me retrouvais soudain désemparée devant le reflet de ma poitrine nue dans le miroir, durant
ces nuits sans sommeil où ressurgissaient de l'ombre
mes vieux complexes obsédants.

Quelques mois plus tard — je venais d'entrer dans ma dix-huitième année — je pris la décision d'abandonner le modelling. Peut-être étais-je lasse de devoir tricher quotidiennement et puis ce monde m'avait d'ores et déjà offert tout ce qu'il pouvait m'apporter. Enfin, il y avait une autre raison : la situation matérielle de ma famille s'était détériorée. Il me fallait maintenant rapporter quelque argent à la maison.

C'est ainsi que je trouvai une place dans un édifice gouvernemental, aux télécommunications. Je dois admettre que mon nouveau métier ne me déplaisait pas. J'avais même de fort bons rapports avec mes collègues et passais pour un être extrêmement sociable. On louait mon caractère franc et direct et là aussi, comme auparavant à l'école de modelling, on me disait envier mon application au travail et ma volonté.

Ma volonté... Comme elle s'enfuyait pourtant lorsque, seule, entre les quatre murs de ma chambre, je renonçais peu à peu à lutter contre l'horrible certitude qui continuait de m'habiter, que j'étais à jamais infirme et que l'amour dû à toute femme normale m'était à moi refusé !

Alors pour m'étourdir peut-être, et aussi par goût du défi, aussi absurde soit-il, je pris l'habitude de passer mes soirées à imaginer des modèles de robes les plus échancrées qu'il m'était possible de porter. Une véritable fièvre m'habitait. Je voulais un jour mettre ces robes qui m'étaient refusées. Puisque, dans le commerce, je n'en trouvais pas que je puisse porter, j'allais les inventer moi-même ! Mais quand je proposais mes modèles aux couturières, elles me faisaient toutes la même réponse :

— Mais mon petit, ce n'est pas possible ! Il me faudrait un patron !

J'étais hélas ! bien incapable de les mettre sur papier, ces modèles fous, fantastiques, qui hantaient mon imagination ! Alors, je m'en retournais à la maison, encore plus triste et amère. Et pourtant, le soir, je recommençais à imaginer d'autres robes que je ne porterais jamais.

Quand je repense aujourd'hui à ces longues soirées passées à concevoir des modèles qui ne devaient jamais voir le jour, je ne songe même pas à sourire de ces pauvres tentatives avortées, de cette rage enfantine qui me poussait à continuer ce combat bien inutile, perdu d'avance. Car c'était là, à ce moment-là, ma façon à moi de m'en sortir.

Oui, je m'étais jetée dans la bataille désormais et je devais me battre dans tous les sens, sur tous les plans, avec toute mon énergie, ma fougue maladroite, et aucun aspect de ma lutte, si dérisoire pût-il sembler, n'était ridicule ni totalement vain.

C'est alors que Philippe entra dans ma vie, comme sur la pointe des pieds, si doucement, si insensiblement, que je ne l'entendis pas venir, que je ne sus pas tout de suite qu'avec lui l'amour venait de faire irruption dans mon existence.

CHAPITRE IV

Le bonheur
malgré tout ?

Souvent, dans la vie, les choses se passent bien différemment de ce que l'on avait imaginé. Il suffit parfois de souhaiter ardemment un événement pour qu'il ne se produise pas ou encore ledit événement survient d'une façon si inattendue que, tout d'abord, on a peine à le reconnaître.

Il en va ainsi du bonheur et de l'amour. Certaines d'entre nous se font une idée si romantique, si absolue et inaccessible du bonheur qu'elles découvrent bien tardivement qu'en fait, il était déjà là, présent dans leur vie, si discret, si quotidien, qu'elles vivaient avec lui sans s'en apercevoir. C'est un peu ce qui m'arriva.

À dix-neuf ans, je pensais que l'Amour avec un grand A devait faire une entrée fracassante dans ma vie ou alors qu'il ne serait pas. Dans mes rêves, le premier baiser, la première étreinte avaient le goût à la fois sauvage et amer du merveilleux et de l'interdit. J'allais atteindre ma vingtième année et je n'avais jamais connu la moindre aventure sentimentale, je n'étais même jamais sortie seule avec un garçon ! En fait, j'attendais avec une impatience mêlée d'effroi le jour fatidique où, aussi soudainement que mortellement, mon cœur serait transpercé par la flèche du dieu Cupidon. Mes complexes m'avaient conditionnée, sans doute plus que toute autre, à cette conception d'un amour d'autant plus passionné qu'il m'était interdit, étant donné ma terrible infirmité. Dès lors, sans trop oser l'espérer, je vivais dans l'attente du premier émoi qui, j'en étais sûre, ne manquerait pas de bouleverser ma vie tout entière. Souvent le soir, avant de m'endormir, dans de longs rêves éveillés, je m'imaginais que je devrais peut-être souffrir toute mon existence, désespérément fidèle à un homme qui ne m'aimait pas, qui ne m'aimerait jamais, enfermée dans une douleur éternelle plus sûrement qu'une nonne dans son couvent !

Certes, parfois, ma lucidité reprenait le dessus. Redevenue volontaire et optimiste pour l'espace de quelques heures, je me serais battue alors de me laisser aller à ce romantisme de deux sous. Et puis, je retombais dans ces rêveries à la fois si délicieuses et douloureuses dont je m'éveillais comme étourdie, encore plus amère et désemparée.

Quant aux garçons, bien réels ceux-là, que j'avais l'occasion de rencontrer dans le cadre de mon travail ou aux rares soirées auxquelles je me rendais, je me refusais de les considérer comme des amoureux possibles. Il était tout simplement inconcevable pour moi de m'imaginer dans leurs bras, d'envisager les premiers gestes de tendresse, le premier tête à tête. Je me persuadais alors que je me réservais pour le grand Amour, le seul, pensais-je, qui devait compter pour moi. C'est ainsi, en quelque sorte, que je parvenais à justifier ma peur, en me réfugiant dans l'attente d'une passion dévastatrice et absolue qui avait surtout l'avantage d'être aussi irréelle qu'inaccessible.

Et bien sûr, ce grand, ce merveilleux amour-là n'arriva pas. Ou plutôt, il survint dans ma vie si doucement, si progressivement, qu'il me fallut bien du temps pour lui donner son véritable nom.

Un certain soir d'été 1963, je devais me rendre à une soirée que donnait l'une de mes collègues. Or, comme toujours, je n'avais pas de cavalier. C'est alors qu'une de mes cousines, à laquelle je m'étais confiée, décida tout bonnement de remédier à la situation.

La veille du party en question, elle vint me trouver accompagnée d'un grand garçon brun aux yeux noirs extrêmement doux.

— Je te présente Philippe, me dit-elle en désignant l'inconnu qui se tenait un peu gauchement derrière elle et n'osait me fixer. Il n'a rien à faire demain et est d'accord pour t'accompagner.

Je ne pus refuser. Des sentiments contradictoires m'envahissaient. Tout d'abord, j'étais terriblement humiliée de passer aux yeux de ce garçon pour le laideron délaissé et dont personne ne veut mais, en même temps, j'étais furieuse également de me faire imposer ce grand gaillard qui avait l'air si timide et emprunté et qui allait peut-être se révéler terriblement ennuyeux. Enfin, sans que je n'ose encore me l'avouer, j'étais fière aussi : pour une fois, je ferais mon entrée dans une soirée aux côtés d'un homme !

Comme on pouvait le prévoir, les choses se compliquèrent une fois arrivés chez ma collègue, dans la chaude et bruyante atmosphère de l'appartement et surtout sur la piste de danse aménagée au centre du grand salon ouvert sur la douce nuit d'été embaumée.

Mon problème était le suivant : décemment, je ne pouvais pas refuser de danser avec mon cavalier comme je l'aurais fait avec un inconnu. Si je prétextais quelque indisposition ou alléguais mon traditionnel mal aux jambes, Philippe eût vite fait de me laisser tomber pour aller inviter d'autres filles et je serais restée seule, une fois de plus, désespérée et furieuse contre moi-même. Force me fut donc d'accepter.

Résignée comme une victime offerte au sacrifice, je laissai ses bras se refermer sur moi. Parfois, tout de même, j'osais lever les yeux vers mon compagnon et tentais de sourire un peu, gauchement. Mais quand la musique s'arrêta, étrangement, je n'eus même pas à lutter contre le désir de fuir, d'échapper à son étreinte. Peu à peu mes frayeurs laissaient la place à un étrange sentiment de sécurité que je ne pouvais encore m'expliquer.

Alors une chose extraordinaire se produisit : moi qui, à la première question que me posait un homme, m'enfermais d'habitude dans un mutisme farouche, je me mis à parler jusqu'à l'étourdissement de mon métier, de mon avenir professionnel, de ma famille, tout en omettant bien sûr d'aborder le sujet de mon « infirmité ». D'ailleurs, l'obsession de mon mal d'ordinaire si présente, si torturante, au cours de ce genre de soirée, disparaissait doucement au fur et à mesure que le temps passait. Une heure plus tard, alors que nous devisions en riant dans un coin du salon, j'aurais tout bonnement sauté au cou de mon compagnon pour l'embrasser sur les deux joues, si je n'avais eu peur du ridicule, tant je lui étais reconnaissante de cette nouvelle vision de moi-même qu'il m'offrait, l'image d'une jeune femme gaie, épanouie et aussi terriblement bavarde !

De fait, je ne m'aperçus qu'à la fin de la soirée que Philippe avait parlé dix fois moins que moi. Qu'avais-je appris de lui quand, plus tard, il me raccompagna jusqu'au seuil de la maison ? Qu'il travaillait pour le gouvernement fédéral, qu'il avait quelques années de plus que moi... et qu'il désirait me revoir.

Et sans même réfléchir, j'acceptai !

Nous nous revîmes souvent. Plusieurs fois par semaine, Philippe venait m'attendre à la sortie de mon travail et nous allions au cinéma ou au restaurant. Nos rapports demeuraient fort corrects. Nous passions de merveilleuses soirées à discuter, éclatant parfois de rire sans raison, comme deux amis, deux bons camarades. Insensiblement, nous nous découvrions, sur bien des points, les mêmes goûts. Quant à nos caractères assez différents, ils se complétaient : la douceur toujours égale, le bon sens et le réalisme de mon compagnon venaient tempérer mon comportement bouillant, actif et volontaire, souvent trop impatient.

Mais je ne songeais pas encore à baptiser du nom d'amour le sentiment inconnu qui faisait battre mon cœur un peu plus fort quand je le rencontrais. Ce n'était pas là, me persuadais-je, le coup de foudre et la passion dévorante dont j'avais rêvé. Non, je devais simplement accepter les bienfaits de cette douce amitié comme un cadeau inespéré du destin. Et, dans le fond, je crois encore aujourd'hui que j'étais sincère avec moi-même lorsque je prétendais que « cela me suffisait ».

Inutile de dire que mon père voyait d'un fort mauvais œil mes sorties de plus en plus fréquentes avec cet étranger qui, en quelque sorte, venait lui voler sa fille.

— Tu pourrais trouver mieux ! me lançait-il souvent d'un ton amer. Et puis, ce garçon a l'air mou. Méfie-toi, il est capable de te faire souffrir plus tard !

— Mais papa, répliquais-je invariablement, je me sens bien avec lui, c'est tout. Il n'est pas question que je tombe amoureuse !

Amoureuse, je le devenais pourtant, sans même le savoir, doucement, inéluctablement.

Enfin, un certain soir d'octobre, alors qu'au retour du cinéma, il venait une nouvelle fois me raccompagner à ma porte, Philippe m'avoua qu'il m'aimait.

— Ginette, je voudrais qu'un jour tu deviennes ma femme, ajouta-t-il après un court silence.

J'aurais dû fuir ou encore éclater en sanglots. N'était-ce pas à cette attitude que tout mon passé de peur et d'inhibitions m'avait conditionnée ? Et pourtant, sans même réfléchir, je me jetai dans ses bras qui déjà se refermaient sur moi et je lui offris mes lèvres tout naturellement, spontanément.

Non, l'amour n'était pas entré dans mon existence par la grande porte ; je n'avais pas été touchée au cœur par la flèche de Cupidon ni éblouie ni terrassée par quelque coup de foudre. Durant des mois j'avais vécu avec lui sans même en prendre conscience et ce soir, ce soir où il m'était enfin révélé, il était trop tard pour prendre peur et m'en défendre. Cet amour que je croyais interdit, voilà qu'il vivait en moi, bien réel, presque tangible. Et tout à coup, tout devenait si simple, si simple . . .

Même plus : j'aurais dû m'angoisser d'avoir à lui apprendre tôt ou tard que je n'étais pas une femme comme les autres, que j'étais condamnée à jamais à vivre avec un seul sein. Or, la terrible confession vint tout spontanément et tandis qu'à voix basse, les joues en feu, je contais à mon compagnon la mammectomie que j'avais subie à ma naissance, ce n'était pas un sentiment de peur ou d'appréhension qui m'envahissait, mais plutôt une délicieuse sensation de soulagement : pour la première fois de ma vie, j'osais confier à autrui le terrible mal qui avait empoisonné mon adolescence, les obsessions torturantes qui m'avaient habitée durant toutes ces années !

Et je dois reconnaître humblement aujourd'hui que je ne me souviens même plus de ce que Philippe me répondit. Sans doute ne me dit-il rien et me serrat-il davantage dans ses bras.

Merci encore, Philippe, bien que la vie nous ait séparés depuis, pour ce soir-là, merci pour ton silence, ton amour, merci de m'avoir serrée contre toi et de m'avoir souri, car dans ce sourire-là, je lisais ma confiance retrouvée et aussi le reflet d'une autre Ginette, celle qui triomphait enfin de ses peurs de l'adolescence.

Restait à annoncer notre projet de mariage à mon père. Bien sûr, sa réaction fut négative.

— Tu es folle ! me dit-il. Tu as dix-neuf ans et tu vas lier toute ta vie à ce . . . Le connais-tu bien, ce garçon ?

Ma mère et ma grand-mère, qui étaient comme toujours mes alliées, entreprirent alors de le convaincre.

— Voyons donc, Bill ! argumentait grand-maman avec la véhémence qui lui était coutumière, ce petit paraît bien gentil et il l'aime, c'est le principal ! Ginette n'a que dix-neuf ans, et alors ? De mon temps, on se mariait jeune ; moi, quand j'ai épousé ton père, je n'avais que seize ans ! Et puis, elle n'est plus une enfant, mais une femme belle et autonome qui a un bon métier en main ! Elle a la tête sur les épaules et est capable de mettre de beaux enfants au monde. Pas trop, hein ? ajoutait-elle en se tournant vers moi et en m'adressant un coup d'œil complice. Sous le prétexte qu'elle est mariée, une femme ne doit pas devenir un laideron encombré de marmots !

Mes fiançailles eurent lieu la veille de Noël 1963. J'allais avoir vingt ans. Les mois qui me séparaient encore de mon mariage prévu pour l'automne suivant me parurent interminables. J'étais très impatiente de vivre avec Philippe quotidiennement et aussi, je dois l'avouer aujourd'hui, j'avais hâte de quitter ma famille et surtout d'échapper à l'emprise de mon père qui, bien que résigné, ne me cachait toujours pas sa réprobation et son amertume.

Enfin, mon mariage fut célébré un matin ensoleillé de septembre 1964 à la chapelle du Sacré-Cœur. Toujours aussi anticonformiste, j'avais décidé de ne pas me marier en robe longue. C'est donc revêtue d'une robe blanche en guipure et résolument courte que je m'avançai vers l'autel, au bras de mon père qui dissimulait mal son émotion derrière son air renfrogné, tandis que grand-maman, à l'aide d'un fin mouchoir brodé, essuyait élégamment quelques larmes furtives.

Philippe et moi emménageâmes alors dans un logement fort confortable à Verdun, non loin d'ailleurs de la maison où habitaient mes beaux-parents. Hélas ! je ne considérais pas encore ce voisinage comme une quelconque menace pour mon bonheur. Ce n'est que bien après, trop tard peut-être, que j'allais en prendre conscience.

Pour le moment, je nageais littéralement dans le bonheur, un bonheur quotidien et paisible, plus merveilleux que tout ce que j'avais pu imaginer. Enfin, j'avais échappé à ma famille, j'avais tué à jamais l'image de la Ginette craintive et manipulée. J'étais chez moi avec « mon » mari que je retrouvais le soir après le travail, dans « ma » cuisine où je m'appliquais à confectionner les plats les plus sophistiqués ... et aussi les plus surprenants !

Et puis, surtout, j'étais devenue une femme, une vraie. Mes inhibitions sexuelles s'étaient — du moins le pensais-je — à jamais envolées. De ma nuit de noces, cette nuit que dans mes rêves d'adolescente je n'osais même pas imaginer, je gardais le souvenir d'une infinie douceur. J'avais seulement exigé que la lumière fût éteinte et ce soir-là, comme les soirs suivants d'ailleurs, je m'étais refusée à me promener nue devant mon mari. C'étaient là les seules séquelles des complexes qui m'avaient hantée durant tant d'années. Quotidiennement, sous les caresses de Philippe, grâce à sa douceur, sa bonté, sa patience, en quelque sorte, j'apprivoisais mon corps, je découvrais sa loi, ses exigences. Le désir que je pouvais inspirer à un homme ne me faisait plus peur.

Ce changement profond de tout mon être avait aussi des répercussions sur ma vie sociale et mes rapports avec le monde extérieur. Le fait de mettre une prothèse dans mon soutien-gorge était devenu aussi naturel que de me brosser les dents. J'étais parvenue à oublier mon infirmité. D'ailleurs mon existence était fort remplie et, entre ma vie professionnelle et mes occupations d'épouse et de ménagère, je n'avais plus le temps comme jadis de m'apitoyer sur « mon petit sein en moins ». Chaque jour, je m'enivrais de ce bonheur que je ne pensais jamais devoir connaître, moi qui me croyais condamnée à une solitude perpétuelle.

Bref, je m'imaginais « guérie ». Hélas ! j'ignorais que ce n'était pas là la fin de mon combat, que le mal tapi en moi sommeillait dans l'attente de se réveiller, encore plus douloureux et cruel, au premier coup du sort, et qu'un jour, ces mois de paix et de bonheur ne seraient plus pour moi qu'un souvenir amer, une nouvelle et profonde blessure.

Mais alors, j'étais encore tout étourdie du miracle qui avait bouleversé mon existence. Des mois passèrent ainsi jusqu'à un certain jour de mars 1965 où un médecin confirma mes espoirs : j'étais enceinte.

Je m'en souviens encore : sur le chemin du retour à la maison, après avoir quitté le docteur, je fus prise d'une envie irrésistible de chanter à tue-tête sur la rue, de crier aux passants ce bonheur qui m'étouffait. Je marchais comme dans un rêve, insensible au froid, offrant mon visage aux flocons de neige, frissonnant sous leur caresse glacée.

Grâce à l'amour de Philippe, j'étais devenue une femme. Le petit être que je portais en moi complétait et achevait ma métamorphose : il allait faire de moi une mère.

Bien sûr, mon mari fut lui aussi fou de joie quand je lui annonçai la grande nouvelle. Ce soir-là, « notre » enfant fut au centre de toutes nos conversations ; comme tous les futurs parents sans doute, nous imaginions son visage, son caractère, jusqu'à la couleur du papier peint de la chambre qui lui serait réservée. Je n'en finissais pas de parler, comme ivre de ce bonheur trop grand pour moi dont je ne parvenais pas à me rassasier. Cette grossesse n'était-elle pas ma plus belle victoire sur mes complexes, mes obsessions ? Moi qui, il y avait encore deux ans, ne croyais devoir rien attendre de l'existence, voilà que je portais la vie !

Dès lors, ce n'était plus mon sein qui importait, mais mon ventre, ce ventre fécond et habité qui était devenu le centre du monde. Mais peu à peu, au fur et à mesure que le temps passait, que je commençais à sentir bouger mon enfant et que se renforçaient les rapports tout-puissants et indicibles qui unissent toute mère au petit inconnu qu'elle porte en elle, mes premières inquiétudes apparurent. Un désir m'obsédait : la volonté de protéger l'être innocent qui allait naître de moi ; alors la peur, une peur folle, incontrôlable, commença de m'envahir : mon enfant allait-il subir la même infirmité dont j'avais tant souffert ?

Certes, je n'aurais pas osé parler de mes craintes à Philippe. Je prévoyais d'ailleurs sa réponse :

— Voyons Ginette, n'aurait-il pas manqué de me répliquer, il ne s'agit pas d'un mal héréditaire ! Cesse de t'en faire avec toutes ces niaiseries !

Aussi était-ce exclusivement au médecin que je confiais mon appréhension. Dès le début de ma grossesse, j'avais résolu de me faire suivre par l'un des meilleurs gynécologues de Montréal. Pour rien au monde je ne me serais contentée d'un simple médecin de quartier ! Il me fallait un spécialiste reconnu et chevronné, car l'erreur que, selon moi, avait commise ma mère, de ne pas s'entourer d'un personnel médical suffisamment compétent, cette erreur fatidique que je tenais en grande partie pour responsable de mon infirmité, je devais à tout prix l'éviter !

Quant au médecin que j'avais si soigneusement élu, je suis persuadée que malgré toutes ces années, il doit encore se souvenir de moi ! C'est que je n'étais pas une patiente comme les autres. Alors que les autres futures mères allaient le consulter, radieuses et souriantes, que de fois je pénétrais dans son cabinet, terriblement anxieuse et tendue ! De quelle patience devait-il alors faire preuve pour chasser ma folle inquiétude !

À chaque visite, immanquablement, je lui rappelais, fort inutilement d'ailleurs car il connaissait déjà mon cas par cœur, la mammectomie que j'avais subie à ma naissance, les conséquences irréversibles qui s'étaient ensuivies.

— Vous comprenez, docteur, surtout si j'ai une fille, ce serait si horrible que . . .

Alors, doucement, patiemment, il me rassurait. Ma grossesse se poursuivait le mieux du monde. Je n'avais rien à craindre. Je devais seulement songer à ce petit être qui grandissait en moi et qui avait besoin d'une mère heureuse et épanouie, prête à l'accueillir dans la joie. La montée de lait, d'ailleurs fréquente chez les nouveaux-nés, ne posait plus de problème en médecine. Non, je ne devais pas m'inquiéter. Tout se passerait bien, très bien . . .

Enfin, peu à peu, je commençais à le croire, à me rendre à ses raisons. Et puis, n'avais-je pas choisi pour accoucher l'un des plus gros hôpitaux montréalais, lequel possédait un équipement ultra-moderne ? N'avais-je pas déjà élu, avec un soin jaloux et méticuleux qui eût pu prêter à sourire, une infirmière privée pour mon enfant ? Tout était prévu, rien ne pouvait arriver. Je n'avais qu'à m'abandonner à la joie de voir mon ventre grossir, à cette fierté enivrante qui, chaque matin, au réveil, m'envahissait, lorsque je posais mes mains sur mon ventre et sentais les coups de pied de mon petit compagnon.

L'été s'acheva. La date prévue pour l'accouchement approchait. Je ne cessais d'être un objet de soins et de prévenances de la part de tout mon entourage. Philippe me couvait littéralement, me défendait de faire le ménage et se précipitait pour porter les poids trop lourd, fût-ce mon panier à provisions. Quant à ma mère et à ma grand-mère, elles ne cachaient pas leur joie. D'ailleurs le fait d'être enceinte m'avait encore davantage rapprochée de maman en qui je voyais plus que jamais une compagne, une sœur.

Mon père enfin, lui qui s'était tant opposé à mon mariage, avait changé du tout au tout dès que je lui avais appris la nouvelle. Il ne cessait, quand il me voyait, de me parler de mon enfant. Et, fort curieusement, il disait toujours « elle » comme si je devais obligatoirement donner naissance à une fille.

— Tu verras comme elle aimera son grand-papa, me répétait-il. Je la gâterai, ta petite !

Certes, sa joie et sa fierté m'émouvaient mais, en même temps, je ne pouvais m'empêcher d'avoir un mouvement de recul et de défense à l'égard de cette terrible tendresse que je ne connaissais que trop et qu'il déversait déjà sur mon propre enfant avant même qu'il ait vu le jour. Alors, l'idée que le petit être que je portais en moi était d'ores et déjà destiné à cet amour étouffant, qui m'avait écrasée durant tant d'années, me devenait insupportable.

Oh ! je n'aurais jamais eu la force de dire à mon père combien le fol amour qu'il vouait à mon enfant me terrifiait. Sans doute lui aurais-je fait une peine immense. Et puis, à quoi bon ? Il n'aurait pas compris. Mais je ne voyais que trop, en fait, que je lui donnais une autre Ginette à aimer, à étouffer de prévenances, de craintes amoureuses. Ce fut sans doute à dater de cette époque que je me jurai de faire de mon enfant un être libre et responsable, possédant son autonomie, cette autonomie que j'avais, moi, recherchée si longtemps et que je n'avais peut-être même pas encore acquise !

Les deux derniers mois de grossesse sont, dit-on, les plus pénibles à cause de l'ampleur et de la pesanteur du ventre de la femme enceinte. Mais s'ils le furent pour moi, ce fut surtout pour une autre raison : au fur et à mesure que la date de l'accouchement approchait, mes vieilles craintes réapparaissaient.

— Vous êtes bien sûr, docteur, que si ma fille fait une montée de lait . . .

Je recommençais à harceler de questions mon médecin qui se contentait de rire de mes frayeurs.

— Nous sommes en 1965 ! Je vous répète que cela
ne représente plus aucun problème. Vous avez été victime d'un accident, un accident très rare. Il n'y a aucune
raison qu'il se reproduise. Cessez donc de vous en faire
avec ça !

Ne plus m'en faire... Ce n'était pas facile. L'inquiétude ne me quittait plus ; elle était là, en moi,
même pendant les moments privilégiés où, dans la solitude de ma chambre, je posais doucement mes mains
sur mon ventre et tentais de cerner les contours du petit
être qui ne m'était déjà plus inconnu, de deviner l'em-
placement de sa tête, de ses pieds qui, de plus en plus
manifestaient leur présence par d'impérieuses bourra-
des.

Dans la nuit du 13 au 14 novembre 1965, survin-
rent les premières douleurs. Puis ce fut l'arrivée à l'hôpital. Trop tôt. Le travail venait à peine de commencer.

Ma petite Nathalie naquit à onze heures du matin.
J'avais désiré un accouchement naturel et quand je repense aujourd'hui à toutes ces heures interminables qui
précédèrent sa venue au monde, il me semble encore
ressentir cet étrange mélange de douleur physique ai-
guë, intolérable, et de joie aussi, la joie de connaître
bientôt le petit être qui vivait en moi depuis de si longs
mois.

Mais je n'étais pas — du moins je m'en étais persuadée — une future mère comme les autres. Parfois,
plus forte encore que la souffrance, une panique incon-
trôlée me submergeait, la folle appréhension de ce qui
allait se passer « après ». Des images incohérentes défilaient alors devant mes yeux. Je me voyais, éperdue de
bonheur, serrant mon enfant dans mes bras ; soudain,
je distinguais le visage grave du médecin penché sur
moi, j'entendais sa voix étrangement lente et assourdie

qui m'annonçait : « Madame, nous avons fait tout ce que nous avons pu. Hélas ! il a fallu mammectomiser votre fille. » La sueur perlait à mon front, il me semblait me débattre dans un cauchemar. Puis, impérieuse, insupportable, la douleur reprenait, encerclant mon ventre, mes reins, et de nouveau la joie d'entendre dire, tout près de moi :

— Courage ! Le bébé descend, dans quelques minutes, ce sera terminé !

La joie enfin, la joie seule, toute-puissante, qui explose dans le cri de la délivrance auquel répond l'écho d'un autre cri plus faible, suraigu ; un corps minuscule s'agite dans les mains de l'accoucheur, petit corps frêle, émouvant, déjà terriblement remuant de vie, exigeant. Enfin, je peux te toucher, connaître ton visage, la douceur de ta peau, toi ma fille, mon amour . . .

Plus tard, quand, sur ma demande, l'infirmière me rapporta Nathalie dans ma chambre, je passai les quelques minutes qui m'étaient accordées à l'examiner de tous les côtés avec un soin fiévreux. Éperdument, je fixais ses doigts, ses yeux, ses oreilles, sa bouche, ses cheveux noirs légèrement bouclés.

— Alors, rassurée ? me lançait mon médecin à chacune de ses visites. Vous voyez bien que vous avez été stupide de vous en faire !

Et j'acquiesçais en souriant. Chaque jour, après son travail, Philippe venait me voir. Mon père et ma mère me rendaient aussi régulièrement visite, me submergeant de cadeaux et de conseils. Les jours passaient et, enfin, l'inquiétude disparaissait. J'en avais maintenant la certitude : rien ne pouvait arriver à mon enfant.

Et rien n'arriva. Nathalie ne fit pas de montée de lait. Je quittai l'hôpital avec un beau bébé resplendissant, en pleine santé.

À mon retour à la maison, je connus des heures de bonheur intense. Étant en arrêt de travail encore pour quelques semaines, je consacrais tout mon temps à ma fille. Chaque jour, je m'éveillais avec la même joie immense et profonde à laquelle je ne parvenais pas à m'habituer.

—Cela ne se peut pas qu'elle soit à moi, à moi seule ! me répétais-je en couvrant ma petite Nathalie de baisers.

Comme j'étais persuadée alors d'avoir à jamais triomphé de mon mal, de mes craintes, de ma prétendue infirmité ! Oui, j'avais réussi à infléchir le cours du destin. Le repli sur moi-même, stérile et masochiste, que j'avais vécu était bel et bien terminé. Mon combat prenait fin. Désormais, c'était pour un autre être que je devrais lutter.

Les mois continuèrent de s'écouler. J'avais repris mon travail et, chaque soir, avec quel bonheur je retrouvais ma fille, m'émerveillant de ses gazouillements, de ses premiers pas encore chancelants ! Et puis, il y avait Philippe. Oh, certes, il n'avait pas changé. Il possédait toujours les qualités de ce qu'il est convenu d'appeler « un bon mari », d'une fidélité et d'un sérieux à toute épreuve. Au dire de nos relations, nous formions un couple fort uni. Hélas ! la réalité, cette réalité que je ne voulais pas encore regarder en face, était plus amère.

Sans cris, sans larmes, peu à peu l'amour avait fui. Et si je m'y étais décidée, à quelques signes encore timides mais révélateurs, j'aurais pu apercevoir les premières failles de notre entente. Mais de tout mon être, je me refusais à être enfin lucide, à accepter l'échec.

Hélas ! je ne faisais que reculer le moment fatidique, inéluctable, où sonnerait le glas de mon bonheur, le moment où de nouveau seule, amère et désemparée, il me faudrait recommencer à me battre, désespérément.

CHAPITRE V

La descente
aux enfers

Nathalie avait à peine deux ans et demi quand mon divorce fut prononcé officiellement. Je dois d'ailleurs tout de suite souligner que l'échec de mon mariage ne fut en aucune façon lié à la mammectomie que j'avais subie à ma naissance. Avant même nos fiançailles, Philippe avait accepté ce fait et, depuis, il n'était jamais revenu sur le sujet. Pas une fois, au cours de notre existence commune, il ne fit allusion à mon infirmité. Il n'en parla d'ailleurs jamais et je lui étais reconnaissante de son silence puisque c'était précisément grâce à lui que j'étais devenue une femme comme les autres.

Non, la détérioration progressive de notre vie conjugale avait une autre cause, bien plus banale, plus triste peut-être aussi. Jusque-là encore latente, elle commença véritablement à s'affirmer après la naissance de notre fille. Auparavant, je n'avais pas songé réellement à m'inquiéter de la différence qui existait entre nos caractères respectifs et qui, pourtant, s'imposait chaque jour davantage. Au temps des fiançailles, ne considérais-je pas cette différence comme une extraordinaire complémentarité et donc le gage le plus sûr de notre futur bonheur ? Et puis, au fil des mois, vinrent les premiers reproches encore voilés que nous nous adressions mutuellement. Parfois, j'estimais Philippe trop patient, trop passif ; j'aurais souhaité qu'il fasse preuve en certaines occasions de plus d'enthousiasme et d'énergie. Quant à lui, il me trouvait souvent trop franche et volontaire, entêtée. Il ne comprenait pas, surtout après la venue au monde de Nathalie, que je veuille continuer à travailler.

Mais un autre fait venait aggraver nos différends. Si je me trouvais seule de mon côté, mon époux, lui, avait de puissants alliés : sa propre famille et principalement ma belle-mère qui — j'essaie de le dire aujourd'hui sans haine et ressentiment — fut le principal agent de notre rupture et la responsable majeure du fossé qui, chaque jour, s'agrandissait entre nous.

Pourtant, je m'obstinais à ne pas vouloir regarder la réalité en face comme si je ne me décidais pas à abandonner mon bonheur, fût-il désormais bien lézardé ! Comment me serais-je résignée à l'idée de quitter mon foyer, de quitter cette vie à deux qui, à mes propres yeux et aux yeux de la société entière, me confirmait dans mon rôle de femme et d'épouse ?

Aussi, peut-être est-ce surtout par peur, je le reconnais aujourd'hui, plus que par amour pour mon mari, que je tentais résolument de tenir bon, durant de longs mois, malgré la détérioration de plus en plus évidente de nos rapports. De quelle patience angélique je dus m'armer pour affronter les visites de ma belle-mère qui, immanquablement, trouvait toujours quelque chose à me reprocher, que ce soit au sujet de mon ménage, de ma cuisine ou de l'éducation que je donnais à ma fille ! Comme je l'ai haïe, cette femme, surtout pour l'influence qu'elle avait sur son fils ! Au début, sans doute, j'en fus jalouse autant qu'une épouse peut l'être d'une rivale. Puis, ma révolte, mêlée d'amère déception, se déversa sur le pauvre Philippe, lequel était à la fois effrayé et peiné par mes colères et courait se réfugier dans le giron de sa mère dont il épousait les convictions.

— Je ne comprends pas Ginette. Une femme mariée doit-elle travailler ? Non, elle est faite pour rester à la maison, pour avoir de nombreux enfants et les élever.

Telles sont les paroles qu'elle mettait sans doute dans la tête de mon mari, qui me les transmettait si maladroitement d'ailleurs que j'en reconnaissais bien vite l'inspiratrice.

Peu à peu, la vie devenait intenable. D'un côté, j'étais animée par le désir de sauver coûte que coûte mon foyer et aussi de conserver un père à ma chère petite Nathalie ; mais, d'un autre côté, tout mon être se révoltait contre cette mainmise de ma belle-mère sur mon ménage, sur la conduite de ma propre existence.

Non. J'avais été trop manipulée durant mon enfance et mon adolescence, j'avais eu trop de peine à acquérir mon autonomie pour me plier aux exigences d'une étrangère dont les règles de vie étaient loin d'être les miennes. Parfois, comme je brûlais de lui jeter mon passé au visage, de lui montrer ma prothèse, de lui conter ma lutte et le miracle qu'avait représenté pour moi mon union avec Philippe ! Car je ne l'avais jamais mise au courant de ma mammectomie. D'ailleurs, que savait-elle de moi, de ma vie, de mon combat ?

— En tout cas, si . . . Enfin, si un jour nous décidons de nous séparer, il faudra discuter du problème de la garde de Nathalie et . . .

Nous soupions en tête-à-tête, mon mari et moi, quand ces mots que je redoutais tant résonnèrent dans le silence. Une dispute peut-être plus âpre que les autres venait de s'achever sur un sujet bien futile, mais toutes les occasions, même les plus anodines, n'étaient-elles pas autant de prétextes à nous dresser l'un contre l'autre ?

Quand j'entendis cette phrase, instinctivement, je levai la tête et fixai mon époux. C'était Philippe, mon Philippe qui venait de dire cela ! Hélas ! encore une fois, je ne devinais que trop l'identité de celle qui lui avait soufflé ces mots afin qu'il me les répète. Ce fut à ce moment précis, sans doute, que l'idée du divorce s'imposa à moi comme une réalité que je ne parviendrais plus à contourner. Ne m'étais-je pas trop longtemps menti à moi-même ?

Alors, enfin, j'osai poser la question qui, depuis tant de mois, me brûlait les lèvres, cette question que j'avais tant retardée peut-être parce que j'en connaissais déjà la réponse, peut-être aussi parce que je savais qu'« après » nous n'aurions plus rien à nous dire. Plus rien.

— Philippe . . . — ma voix me semblait tout à coup étrangère, sourde et lointaine — il est peut-être encore temps, si tu le veux . . . Philippe, je te demande de choisir entre ta mère et moi.

Certes, il me répondit, mais ô combien embarrassé ! Pourtant, à travers ses paroles balbutiantes et hachées, la réponse était claire, sans appel : c'était « l'autre » qu'il choisissait.

Tout était fini.

Les quelques mois qui suivirent furent des mois d'enfer. Si je me sentais réellement soulagée de ne plus vivre dans le mensonge, et plus forte aussi pour affronter l'amère solitude qui m'attendait après notre séparation, j'avais à livrer un nouveau combat, peut-être l'un des plus durs de mon existence : il me fallait désormais lutter de toutes mes forces pour obtenir la garde de Nathalie, ma petite fille chérie, ma seule raison de vivre. Car je serais morte plutôt que d'abandonner mon enfant. Me l'ôter, c'était m'enlever la vie ; si mon mariage avait été un lamentable échec, il me restait une petite fille brune et potelée aux grands yeux candides, un être innocent qui m'aimait passionnément, inconditionnellement, et qui m'appelait « maman ».

À quoi bon conter toutes les ruses aussi basses que sordides contre lesquelles il me fallut lutter ? Moi la complexée, la refoulée, pour qui la fidélité conjugale n'était même pas un mérite puisque je serais morte de honte et de peur plutôt que de répondre, ne fût-ce que par un sourire, aux avances que les hommes pouvaient me faire !

De tous ces mois qui précédèrent mon départ, je garde le souvenir encore cuisant d'une haine terrible et implacable, cette haine que je nourrissais à l'égard de mon propre mari et surtout de ma belle-famille. Aujourd'hui, si je ne suis pas encore parvenue à pardonner, j'ai tenté d'oublier. J'ai voulu que mon époux demeure un ami, au cours des ans, pour Nathalie bien sûr, afin de ne pas entacher l'image qu'elle pourrait garder de son père, et aussi parce que, tout simplement, je n'ai plus la force de haïr.

Nous nous étions trompés, Philippe et moi, comme bien d'autres couples, c'est là ce que j'essaye de me dire et ce que je pense peut-être aujourd'hui réellement. Oui, nous avions fait fausse route. Voilà tout.

Enfin, au terme d'une guerre longue et sordide, le juge me confia la garde de Nathalie. Ce fut sans doute l'une des victoires les plus amères de ma vie. Je gagnais mon enfant ; je perdais un miracle, celui de l'amour, de ma vie de femme et d'épouse.

Je me souviendrai toujours de ce matin d'hiver où je quittai mon appartement de Verdun. Mes valises étaient bouclées depuis la veille. Nathalie était là près de moi, elle ne me questionnait pas. Elle me fixait de ses grands yeux noirs étonnés. Je pris sa petite main dans la mienne et je partis sans me retourner. La porte claqua derrière moi. Un bruit sec, définitif, qui résonnait comme la fin d'un espoir, d'un pauvre bonheur qui achevait de couler entre mes doigts. J'avais cru au miracle ; il ne me restait plus que le souvenir d'un mirage trompeur qui, doucement, inexorablement, finissait de s'effacer et basculait dans le néant.

Une heure plus tard, j'étais de retour avec ma fille à la maison paternelle. Graves et tendus, mes parents m'attendaient. Dès que j'entrai, ma mère vint à ma rencontre et me serra longuement contre elle, en pleurant. Mon père se tenait derrière elle, m'ouvrant déjà les bras. Il pleurait lui aussi, mais lui, c'était de joie.

De nouveau, je retombais sous la coupe de sa terrible tendresse. Peu à peu, je retrouvais ses intonations, tour à tour autoritaires et suppliantes, ses gestes, sa prévenance, le carcan de son amour omniprésent, étouffant. Pour lui, j'étais redevenue une enfant, « son » enfant, mais cette enfant-là était une femme aussi, une femme tronquée, blessée, qui vivait quotidiennement avec un affreux goût d'échec dans la bouche. Dès lors, plus mon père me montrait sa joie de me voir revenir au bercail, comme une gamine repentie après une fugue, et plus je me sentais atrocement humiliée et révoltée.

Un autre sujet d'inquiétude me tourmentait : je voyais bien que papa se conduisait avec Nathalie de la même façon que jadis il se comportait avec moi, c'est-à-dire en tyran amoureux, terriblement possessif et exclusif. Moi qui déjà m'étais jurée de faire de ma fille un être libre et autonome, je ne pouvais m'empêcher de frémir de colère contenue lorsque je l'entendais me lancer à propos de mon enfant ces mots que je ne connaissais que trop :

— Voyons, Ginette, tu ne la couvres pas assez, elle va attraper du mal !... Tu ne devrais pas l'envoyer jouer chez son amie sans surveillance, elle est bien trop petite !

Mais calmement, fermement, je tenais bon. Au contraire de mon père, j'étais si fière de voir ma petite Nathalie s'affirmer, prendre parfois elle-même ses propres décisions avec une sagesse croissante qui m'émerveillait ! J'avais compris ce que toute mère véritablement aimante comprend dès le premier instant où elle serre dans ses bras son enfant qui vient de naître : je savais que ce tout petit être, aujourd'hui si dépendant de moi, était aussi « un autre » et qu'il ne m'appartenait pas.

Je continuais bien sûr de travailler tandis que ma mère gardait Nathalie . Comme j'avais hâte de rentrer à la maison pour retrouver ma fille, l'entendre rire et me raconter sa journée ! Mais quand tout le monde était couché, quand je me retrouvais seule dans ma chambre d'adolescente, alors, j'avais bien de la peine à lutter contre les larmes ; je me sentais comme un malade auquel on a fait miroiter l'espoir de la guérison et qui, tout à coup, retombe dans un coma interminable, sans issue.

Peu à peu, les vieilles obsessions ressurgissaient. De nouveau, la peur des miroirs me tenaillait et aussi l'appréhension du regard d'autrui sur mon corps. Si je parvenais à donner le change à mes collègues de travail aux yeux desquels je passais même pour une femme coquette, gaie et énergique, l'enfer recommençait à chaque soir, quand Nathalie n'était plus là pour enrouler ses bras autour de mon cou, quand je ne sentais plus la chaude présence de son amour et que je me retrouvais seule, glacée, dans mon lit étroit. Alors, les yeux grands ouverts dans l'obscurité, je renonçais à appeler le sommeil tandis que ressurgissaient de l'ombre mes peurs d'adolescente et surtout l'horrible, l'insupportable certitude des années de solitude qui m'attendaient.

Je ne voyais pratiquement personne en dehors de ma famille et de mes relations de travail que je ne rencontrais d'ailleurs que dans l'enceinte du bureau. De nouveau, ma vie sociale se trouvait ramenée au degré zéro. D'ailleurs, mon père avait pris soin de m'avertir dès mon retour à la maison :

— Tu dois continuer de vivre en femme mariée, m'avait-il dit. Tu comprends, tu ne dois pas sortir, ce ne serait pas convenable !

Pauvre papa, tu étais si heureux que le sort t'ait rendu ta petite fille, tu aurais tué le veau gras tous les jours pour le retour de ton enfant prodigue ! Hélas ! ma chère grand-mère, qui était décédée peu de temps après la naissance de Nathalie, n'était plus là pour m'aider et me donner le coup de pied qui eût pu m'être salutaire. Durant tous ces mois qui furent sans doute parmi les plus douloureux de ma vie, j'accomplis ce que je devais appeler plus tard « ma descente aux enfers ».

La lutte que je menais quotidiennement ressemblait certes beaucoup à celle que je livrais, adolescente, avec cependant un peu plus de réalisme et d'amertume aussi. Je connaissais de terribles moments d'abattement qui alternaient avec d'autres instants où, ivre de mon énergie retrouvée, je décidais de me cultiver ou de prendre des cours d'italien ou d'espagnol.

Et surtout, je me remis à dévorer des livres de chirurgie plastique qui recommencèrent à s'entasser dans ma petite chambre. Car mon sein, mon petit sein en moins, était revenu au centre de mes préoccupations, de mes obsessions. Des sentiments contradictoires m'envahissaient : « À quoi bon, me disais-je, ressasser ces ouvrages que je connais par cœur ? » Et puis soudain, un espoir fou accélérait les battements de mon cœur : « pourquoi, pensais-je alors, ne pas sauter le pas et subir une intervention chirurgicale ? » Je n'étais plus l'adolescente de jadis qui ne disposait pas de moyens financiers suffisants. Désormais, j'étais une femme autonome ayant en main un bon métier et qui pouvait parfaitement faire des économies !

Peu à peu, l'idée fit son chemin dans mon esprit. Bientôt, je ne vivais plus que pour cette opération qui miraculeusement, j'en étais sûre, allait enfin faire de moi une femme comme les autres. Enfin, je parvins à amasser la somme nécessaire. Car je dois souligner que, bien que j'aie été mammectomisée à la naissance, le gouvernement n'a jamais payé aucune des interventions chirurgicales que j'ai dû subir dans mon existence. Je les ai toujours réglées avec mes propres deniers, au détriment de tel objet que j'aurais pu acheter ou de tel voyage qu'il m'aurait plu d'effectuer.

Lorsque je me résolus à aller consulter le docteur Woolhouse en vue d'une opération, j'ignorais encore que ce n'était là que le début d'une longue série d'interventions et que je venais de faire le premier pas dans un monde qui, durant plus de dix ans, me ballotterait d'espoirs fous en amères déceptions.

Déjà, la même force m'animait qui ne devait pas me quitter durant toutes ces années d'obstination. « Parmi tous ces médecins dont j'avais lu les noms dans mes livres, il y en aura bien un, pensais-je, qui trouvera la solution ! »

La solution . . . Je ne doutais pas, ce matin-là, alors que je pénétrais dans le cabinet du bon docteur qui, bien des années plus tôt, avait eu la lourde tâche de m'apprendre la vérité, qu'elle surgirait comme un miracle. Naïvement, pathétiquement, je m'imaginais que me faire opérer résoudrait enfin tous mes problèmes. Définitivement.

— Docteur, il faut faire quelque chose. Je ne peux continuer à vivre ainsi. Parfois, il me semble que j'ai mal au bras tant la peau est cicatricielle !

Tremblante, j'attendais le verdict du médecin qui m'examinait, hochait gravement la tête.

Opérez-moi, je vous en prie !

C'était presque un cri que je lui lançais. Comment aurais-je pu lui expliquer que c'était là une question de vie ou de mort, que je ne pouvais vivre éternellement chez mes parents dans le veuvage amer de mon mariage brisé, que je ne pourrais éternellement parvenir à tricher dans ma vie sociale ? Non, la seule solution était de me redonner ce sein qui gâchait mon existence, qui faisait de moi une femme inhibée, complexée !

Il y eut un long silence. Le docteur Woolhouse s'était rassis derrière son bureau en acajou, ce bureau qui me semblait si énorme quand j'étais petite fille.

— Bon, on va voir ce que l'on peut faire, me dit-il enfin d'une voix lente et grave. On va tenter l'opération, mais il faudra faire une greffe de peau, c'est assez douloureux et . . .

— N'importe quoi, docteur, mais que j'aie mes deux seins, que je puisse porter un décolleté, être une femme comme les autres !

Aussitôt après avoir lancé cette phrase, je me mordis les lèvres, soudain humiliée par le son de ma propre voix vibrante de désespoir et de révolte. Alors, seulement, je compris combien j'étais à bout, au bord du gouffre de la dépression nerveuse. Je ne sais ce que j'aurais fait si le docteur Woolhouse avait refusé d'opérer !

De nouveau, la voix du médecin s'éleva :

— Tu m'en demandes beaucoup, ma petite Ginette, mais on va essayer, je te le promets.

Pour un peu, je lui aurais sauté au cou ! Ce jour-là, quand je le quittai, j'avais envie de chanter. Dans quelques semaines, mon cauchemar serait terminé, mes obsessions morbides enfin s'évanouiraient ; j'aurais la force de refaire ma vie !

Un interminable suspens commençait. On m'opéra. Le premier visage que je discernai, en me réveillant dans ma chambre privée, fut celui d'une infirmière qui, penchée sur moi, me souriait.

— Ne bougez pas trop, me dit-elle. Là, restez calme, allongez-vous plutôt sur le côté... On a dû vous prélever de la peau aux fesses et...

Je ne l'écoutais pas. Instinctivement, je posai ma main sur mon sein qu'entourait un bandage.

— J'ai mes deux seins ! Le docteur a réussi ! m'écriai-je, tandis qu'une joie folle, incontrôlable, faisait battre mon cœur.

Hélas ! ce n'était pas mon sein miraculeusement recréé que je tâtais ainsi, mais bien le bandage, lequel était particulièrement épais ! Le soir même qui suivit mon opération, ma joie fut tempérée par d'atroces douleurs dues à la greffe de peau, aussi intenses que celles qui furent causées, à ma sortie, quinze jours plus tard, par la facture de l'hôpital ! Mais je supportais cette souffrance stoïquement, tant me transportait l'espoir fou d'être enfin devenue « normale ».

Dès le lendemain matin, tout s'écroula, lors de la visite du docteur Woolhouse.

— C'est une belle réussite, n'est-ce pas docteur ? lui lançai-je en riant. Si vous saviez comme j'ai hâte qu'on me retire mon bandage !

Mais pour toute réponse, le médecin s'installa près de mon lit ; puis, doucement, il me tapota la joue, comme il le faisait quand j'étais une petite fille.

— Ma pauvre Ginette, dit-il enfin avec un triste sourire, je vais être franc avec toi. Je l'ai toujours été, n'est-ce pas ? Pour recréer le sein qui te manque, il faudrait au moins six greffes comme celle-ci . . .

Ma tête retomba sur l'oreiller. Je n'entendais même plus la voix du médecin. Soudain, je revoyais ce lointain après-midi d'automne où, à douze ans, j'avais appris l'atroce vérité. C'en était une autre tout aussi implacable qui m'était révélée aujourd'hui. Tout se mêlait dans mon esprit, des images incohérentes défilaient devant mes yeux, l'échec de mon mariage avec Philippe, ma lutte pour garder ma fille, mes soirées amères et solitaires dans ma chambre, le visage souriant enfin de ma petite Nathalie, le seul espoir désormais auquel je tentais de me raccrocher . . .

— Il faut bien compter un laps de temps de six mois entre chaque intervention, poursuivait le docteur, et je ne sais même pas . . .

— Alors, je vais ramasser de l'argent et, dans six mois vous me reverrez peut-être !

Ces mots, je les avais lancés malgré moi, d'une voix soudain étonnamment ferme. Car, au fond de ma détresse, une force aussi désespérée qu'indestructible continuait de m'habiter.

Pourtant, une fois le médecin parti, je m'effondrai en larmes et, longuement, je sanglotai, le visage enfoui dans l'oreiller.

À mon retour à la maison, le cauchemar continua, encore plus atroce, interminable. Je n'en finissais pas de m'enfoncer dans un gouffre qui ne semblait pas avoir de fond. Il n'était pas de soir, désormais, où je ne pleurais avant de m'endormir et de sombrer dans de mauvais rêves plus insupportables encore que la réalité.

Pour la première et peut-être l'unique fois de ma vie, je commençais même à me laisser aller, négligeant un peu ma tenue. À quoi bon tricher ? me disais-je. Je passais des soirées entières à manger, même quand je n'avais plus faim, jusqu'à l'écœurement. Cette fièvre de nourriture représentait en quelque sorte une compensation ; c'était là une façon d'enlaidir mon corps, ce corps que je haïssais plus que jamais. Quand à mes parents, ils assistaient, impuissants, à ma dépression. Ma mère avait beau me conseiller de me reprendre en main, je ne l'écoutais pas, et encore moins mon père dont la tendresse étouffante m'exaspérait. Il ne me restait que ma petite Nathalie qui fut sans doute le seul être, à cette époque, qui me retint à la vie.

En fait, je vivais la fameuse dépression nerveuse que doivent connaître bien des femmes mammectomisées. Tout y était : le désir de s'enlaidir pour prévenir le désir des hommes et le rendre impossible avant même qu'il ne s'exprime ; la fuite de toute vie sociale, la terrible conscience que tout est vain, que l'existence est sans saveur ; la certitude enfin de l'inanité de ses pauvres et misérables forces.

Oui, soudain, la moindre tâche que j'avais à accomplir me paraissait trop difficile, insurmontable, que ce soit à mon travail ou à la maison. Je me sentais totalement vidée d'énergie. De nouveau, comme aux jours les plus atroces de mon adolescence, je vivais la mammectomie comme une condamnation définitive et sans appel à la solitude et au désespoir.

Dès lors, je me mis à grossir et donc à me faire encore plus horreur ; mes rapports avec les autres se résumaient à une panique involontaire que je parvenais à grand peine à maîtriser. La seule force que je possédais en moi était une force suicidaire, autodestructrice. Des mois s'écoulèrent ainsi. Enfin, un jour, ma mère me décida à aller consulter notre médecin de famille. J'obéis non pas dans l'espoir d'une guérison, mais plutôt parce que j'avais soudain l'envie de confier à quelqu'un le désarroi qui m'étouffait. Aussi, ce jour-là, sans plus de pudeur ni de honte, je contai tout en bloc au praticien, mon passé, ma mammectomie, mon mariage raté, le lamentable échec de mon opération dont les résultats étaient à peine visibles, l'enfer enfin dans lequel je vivais depuis des mois . . .

— Écoutez, me dit alors le médecin après un long silence, ou bien vous continuez de vous enfoncer dans une belle dépression nerveuse — ça, c'est pour les gens qui ne savent pas se prendre en main — ou bien vous décidez de rompre avec tout cela et vous faites un beau voyage toute seule dans un pays chaud pour vous changer les idées . . .

— Je . . . je n'ai plus d'argent . . . J'avais mis toutes mes économies dans l'opération et . . .

Je balbutiais lamentablement à travers mes larmes en m'agitant nerveusement sur ma chaise. Soudain, je me redressai.

— Je vais demander à ma banque si elle peut me faire crédit, dis-je d'une voix plus ferme. Je me débrouillerai !

Aussitôt après avoir quitté le cabinet du médecin, je me précipitai à ma banque. Le docteur avait raison, il fallait que je règle mon départ aujourd'hui même. Si je rentrais à la maison, si je remettais tout cela à plus tard, je serais peut-être perdue, perdue à jamais !

Le gérant de ma banque qui me connaissait accepta sans difficulté de m'octroyer un prêt. Le soir même, je préparai mes valises ; j'avais d'ores et déjà retenu ma place sur un vol pour le Brésil. La nuit me parut bien longue. Parfois l'inutilité de ce voyage m'apparaissait comme une évidence et j'avais alors le désir d'annuler ma réservation. Et pourtant, avais-je le droit de refuser cette pauvre petite chance de me retrouver moi-même ?

Le lendemain soir, j'arrivai à Copacabana. Quelques jours plus tard, je ressentais déjà les premiers bienfaits de mon séjour. Étourdie par le soleil, aveuglée par le bleu d'azur quasi insoutenable de l'océan, les oreilles bourdonnantes des mille bruits de la ville, je ne pensais plus à m'apitoyer sur moi-même. Quand je me retrouvais seule dans la fraîche pénombre de ma chambre d'hôtel, il me semblait encore voir défiler devant mes yeux la foule bruyante et bigarrée qui déambulait sur les trottoirs, parmi les étalages de fruits aux couleurs vives, cette foule de passants inconnus dans laquelle, quotidiennement, je me baignais avec délices, m'enivrant de sa gaieté, de son insouciance contagieuse, cette foule enfin où je réapprenais à vivre.

Trois fois par semaine, je téléphonais à ma mère pour avoir des nouvelles de Nathalie. Je me souviens qu'il m'en coûtait quinze dollars pour trois petites minutes, mais que m'importait ? Ma paix était à ce prix.

Puis ce fut Rio et Brasilia, la toute jeune capitale du Brésil. Peu à peu, d'hôtel en hôtel, de ville en ville, je retrouvais une certaine joie de vivre. Parfois même, je me surprenais à sourire devant telle ou telle scène folklorique que je remarquais dans la rue. Oh ! certes, mes obsessions n'avaient pas pour autant disparu, comme sous l'effet d'une baguette magique. Je me rappelle qu'un jour, dans une petite ville balnéaire brésilienne, je résolus d'entrer dans une boutique et d'acheter un bikini. De retour à mon hôtel, je ne l'essayai même pas.

Je le mis aussitôt dans ma valise et je me dis : « Un jour, j'en fais le serment, je le porterai ! »

Je venais de me décider à poursuivre mon combat. Au cours de mon voyage, il m'arriva aussi de rencontrer des hommes charmants, membres du corps diplomatique du Canada à l'ambassade du Brésil. Heureux de voir une concitoyenne, souvent ils m'invitaient à prendre un verre au bar de l'hôtel ou dans quelque boîte de nuit. Encore aujourd'hui, je leur suis reconnaissante de ces belles soirées où nous ne cessions de converser avec animation jusqu'à une heure avancée. Car grâce à eux, je retrouvais progressivement confiance en moi-même et je prenais aussi conscience de mon pouvoir de séduction. Mais jamais je ne me serais permis d'entamer le moindre petit flirt : mes craintes de l'adolescence à l'égard de la vie sentimentale et sexuelle avaient ressurgi, plus fortes que jamais. « Il ne faut pas que je tombe amoureuse, me répétais-je. Je dois profiter de chaque instant, c'est tout. Il n'est pas question que je m'embarque dans quelque aventure pour courir au devant d'un nouvel échec ! »

Puis, ce fut le voyage de retour vers Montréal. Je me souviens du bilan que je dressai alors dans l'avion qui me ramenait chez moi. Car avant d'affronter de nouveau la réalité quotidienne, j'avais besoin de voir clair pour mieux cerner peut-être le terrain sur lequel il me faudrait lutter. Certes, grâce à ce séjour en Amérique du Sud, j'avais échappé à la dépression nerveuse, je m'étais reprise en main et j'avais retrouvé la force de tricher. Mais j'étais trop lucide pour ne pas savoir que mon mal était toujours là, présent en moi avec son cortège de complexes obsédants. À près de vingt-cinq ans, je me retrouvais telle une adolescente, une adolescente attardée et amère qui ne pouvait même plus se payer le luxe de la bienheureuse ignorance : je n'étais plus vierge, mais inhibée plus que jamais sur le plan sexuel ; j'avais connu l'amour, mais il ne m'avait laissé qu'un goût de cendre dans la bouche. En fait, je n'avais plus qu'un seul droit : accepter mon sort ; je n'avais plus qu'un seul devoir : me résigner.

De retour à la maison, je me fis le serment non seulement de fermer mon cœur à tout émoi sentimental, mais aussi de renoncer à toute nouvelle intervention chirurgicale et même à la lecture de mes chers livres que je décidai de reléguer à jamais dans une armoire.

Mes parents ne purent que louer mon assagissement, mon calme revenu ; ils me trouvaient mûrie et m'approuvaient — surtout mon père — de ne plus tenter ces folles opérations qui, selon lui, « ne rimaient à rien ». J'avais trouvé un nouvel emploi dans une multinationale, je recommençais à acheter des robes, à prendre soin de mon corps, de ma tenue. Ma ligne de vie était le renoncement, un renoncement non plus teinté de désespoir, mais empreint d'une infinie tristesse.

Je ne souffrais même plus. Chaque matin, comme une automate, je me parais et me maquillais pour me rendre à mon travail ; chaque soir, je me démaquillais et préparais mes affaires pour le lendemain. Je me couchais enfin sans même avoir eu la force de pleurer.

Je n'attendais plus rien ni des médecins ni des hommes. Le désespoir avait laissé la place à une résignation que j'osais appeler ma sagesse. Et rien ni personne, pensais-je à cette époque, ne pouvait me faire départir de cette sagesse que je m'imaginais avoir si rudement gagnée et qui, en fait, avait un goût de mort, une mort terriblement douce et lente, consentie.

Le destin, pourtant, allait en décider autrement.

CHAPITRE VI

D'échec en échec,
de mirage en mirage...

Lorsque je fis la connaissance de Jean-Claude, au mois de juin 1972, j'avais vingt-huit ans passés. Mais l'âge n'est-il qu'une pure et simple addition arithmétique ? À l'approche de la trentaine, je nourrissais encore envers autrui et le monde extérieur ces peurs adolescentes et incontrôlées que ressentent les toutes jeunes filles complexées par l'acné, aussi légère soit-elle, qui enlaidit leur visage, ou désespérées de ne pas correspondre aux mensurations de la femme idéale, ces peurs un peu stupides dont on rit plus tard quand on comprend que tel bouton ou telle imperfection ne sont pas le centre du monde. Seulement voilà. Moi, je n'en riais pas et je ne pensais pas en rire un jour. Car mon mal, me disais-je, collait à moi, telle une tare indélébile qui ne disparaîtrait jamais, jamais ! Il faisait partie de ma vie ou pire : mon existence entière lui était soumise. Jusqu'au dernier jour.

De l'adolescence, j'avais gardé les sentiments de crainte et d'inhibition ; de mon rôle de femme et d'é-

pouse, je n'avais conservé que la blessure de l'échec. J'é-
tais comme une horloge soudain devenue inutile, vouée
au silence, et dont les aiguilles se seraient arrêtées, doucement, inexorablement. Le temps s'était suspendu. J'a-
vais l'âge des condamnés, c'est-à-dire de ceux qui préci-
sement n'ont plus d'âge puisque la vie même leur est
refusée, et qui attendent, avec un mélange de résignation et d'horreur sourde, la mort promise, inéluctable.

C'était là « ma sagesse » et aussi mon secret. Car
dans ma vie professionnelle, dans l'enceinte du bureau
où je travaillais, personne n'aurait pu le moins du monde deviner mon drame intérieur. Pour plusieurs de mes
collègues, surtout féminines, je passais même pour une
« snob » ; là aussi, comme dans tous les autres lieux où
j'avais été employée, mon caractère décidé et dynamique ainsi que le soin que je conférais à mon apparence
physique n'étaient pas sans susciter dans mon entourage un sentiment d'admiration mêlé d'envie et de méfiance.

Je me souviens même qu'un matin, une fille qui
travaillait avec moi me demanda à brûle-pourpoint :

— Dis-moi, Ginette, pourquoi est-ce donc si important pour toi, la coiffure, le maquillage ?

Je la regardai un instant en silence. Enfin, je parvins à répondre d'un ton que je voulais désinvolte :

— Eh bien, j'ai suivi des cours de modelling... et
puis, que veux-tu, j'aime me sentir bien dans ma peau !

— Peut-être, mais les autres filles, elles, n'aiment
pas ça, me répliqua-t-elle, l'air pincé. Pour elles, tu es
une rivale...

Je la fixai, abasourdie. J'avais à la fois envie de
pleurer et de rire, d'éclater d'un rire énorme, interminable. Mais je me contentai de me replonger dans mon
travail, sans rien répondre. Qu'aurais-je bien pu répondre ?

Certes, ce n'était pas mon seul aspect physique qui avait conditionné ce jugement ; il y avait aussi mon comportement qui me faisait qualifier secrètement d'« allumeuse » par certaines de mes collègues. Si elles avaient su, les pauvres chéries, que ce n'était pas là la conduite d'une femme coquette et aguicheuse, mais celle d'une adolescente attardée de vingt-huit ans, terriblement complexée !

Les quelques aventures sentimentales bien dérisoires que je connaissais alors se déroulaient toutes selon le même scénario immuable : tel ou tel collègue en mal de solitude me faisait la cour ; je me refusais tout d'abord à lui répondre, parfois enfin, je m'abandonnais à un flirt bien innocent, si chaste qu'il ferait sans doute sourire les filles de la génération d'aujourd'hui. Et puis, venait le jour où mon « amoureux » me posait la question fatidique :

— Es-tu libre, samedi soir ? On passe un bon film près de chez moi. Après, on pourrait aller dans un petit restaurant que je connais et . . .

Si les prétextes que j'invoquais alors subissaient quelque variété, ma réponse était toujours et immanquablement négative.

Ho ! j'aurais bien aimé, tu sais, répliquais-je l'air profondément ennuyée, mais ce soir-là, précisément, je suis occupée. Je dois voir une amie d'enfance qui est de passage à Montréal. Je suis sincèrement désolée . . .

Une semaine plus tard, l'autre revenait à la charge :

— Tu ne vas pas me dire encore que tu es occupée ?

Alors, rapidement, j'alléguais une nouvelle raison pour refuser : Nathalie avait la grippe et je devais rester auprès d'elle, ou encore je ne me sentais pas bien, terriblement fatiguée. Le samedi suivant ? Hélas ! non, ce ne serait pas possible : j'avais promis à ma mère de l'accompagner chez une de ses amies. Décidément, ce n'était pas de chance !

Au bout d'un certain temps, plus ou moins long selon le degré de ténacité de l'individu, l'homme se lassait et nous en revenions à une bonne et franche camaraderie. J'étais à la fois soulagée et désemparée. Certes, c'est là ce que j'avais voulu, mais j'étais une femme aussi, une femme frustrée qui devait perpétuellement refouler des désirs pourtant fort naturels, et je devais bien m'avouer parfois que ma vie sexuelle, quasi réduite à zéro, me rendait affreusement malheureuse et insatisfaite. Mais non, j'avais juré, juré de ne plus jamais m'embarquer dans aucune aventure, de ne plus me laisser prendre au piège de l'amour.

Et puis, un certain jour de juin 1972, un camarade me téléphona au bureau :

— Ça te dirait d'aller à un tournoi de golf ? J'ai un bon copain qui y va ... Non, tu ne le connais pas. Il s'appelle Jean-Claude. Il n'a personne pour l'accompagner. Alors, si tu n'as rien à faire ...

Bien sûr — n'était-ce pas là en pareil cas ma réaction habituelle de fuite ? — j'eus envie de raccrocher aussitôt après avoir invoqué n'importe quel prétexte. Soudain, je revivais une autre scène qui s'était déroulée près de dix ans plus tôt, lorsque Philippe m'avait été présenté. Et voilà qu'aujourd'hui, je ressentais la même crainte incontrôlable et aussi, peut-être, le même espoir, mais cet espoir-là, je ne voulais pas encore en prendre conscience.

L'ami en question dut me rappeler plusieurs fois pour que j'accepte enfin. Bon, j'allais accompagner ce garçon et ce serait tout. Dans le fond, cela me changerait les idées. Et puis il me fallait bien admettre que la solitude me pesait de plus en plus, surtout depuis que j'avais emménagé, deux mois auparavant, dans un grand logement près du parc Lafontaine. J'y habitais seule avec ma petite Nathalie en attendant que viennent vivre ma mère et mon père qui étaient retombés gravement malades. Aussi les soirées me paraissaient-elles encore plus longues, si longues . . .

Dès que je vis Jean-Claude pour la première fois, je compris que je ne pouvais pousser plus avant le parallèle que j'avais établi entre lui et mon ex-mari. Il n'y eut pas d'émerveillement ; quelques paroles à peine furent échangées. En fait, dès les premières minutes, Jean-Claude se présentait à moi tel qu'il était, beau, sportif et terriblement charmeur. Je ne pouvais alors savoir qu'il n'était que cela.

Je revois encore sa haute silhouette athlétique se découpant sur le terrain de golf, ses cheveux châtains miroitant dans le soleil, ses yeux bleus qui, lorsqu'ils se posaient sur moi, m'enveloppaient d'un regard insistant, presque indécent. J'entends encore son rire qui résonnait bien haut, clair et enfantin, et le son de sa voix tantôt désinvolte et enjouée, tantôt lente et veloutée. Il avait deux ans de moins que moi. Hélas ! de caractère, il était sans doute plus jeune de quinze ans !

En fait, tout mon malheur et l'échec inévitable auquel était vouée d'ores et déjà notre aventure, avant même qu'elle n'ait commencé, étaient là, déjà présents, circonscrits dès cette première rencontre. Que pouvait m'apporter ce charmeur instable, amoureux de la vie et des femmes, et qui possédait encore l'égoïsme tranquille de l'enfance ? Que pouvait-il donc m'offrir, à moi, Ginette, moi dont la vie n'avait été qu'une lutte incessante, un combat parfois bien inégal entre la lucidité et le désespoir ?

Et pourtant, je crus, oui, je crus de tout mon être, qu'entre nous quelque chose était possible. Et je reconnais aujourd'hui que c'était peut-être précisément d'un homme comme Jean-Claude dont j'avais alors besoin, quitte à courir au devant d'un nouvel et lamentable échec. Oui, du fond de ma détresse, j'avais besoin de ce grand garçon si différent de moi, de son insouciance, même si un jour, elle devait me faire terriblement mal, de son assurance, de sa vanité, de son égoïsme, de sa sensualité un peu triviale, du désir de moi que je lisais dans ses yeux.

Sans le savoir, il me redonnait la vie. Pour combien de temps ? Je ne voulais pas le savoir. J'avais trop longtemps, si longtemps lutté. J'abdiquais.

Un mois plus tard, le 25 juillet 1972 exactement, mon père mourut des suites d'une longue maladie. Sa disparition me causa une peine immense. Si maintes fois j'avais été exaspérée par son amour étouffant, s'il m'était même arrivé de le rendre responsable de mes inhibitions, je n'avais jamais cessé de l'aimer au fond de mon cœur, car peut-on en vouloir réellement à un être qui n'a que le tort de trop vous adorer ? Mais je ne serais pas honnête vis-à-vis de moi-même si je n'ajoutais pas que sa disparition représentait aussi pour moi une porte ouverte sur ma liberté. C'est peut-être terrible à dire, mais sa mort, malgré tout le chagrin qu'elle me causait, me débarrassait de mes craintes, de mes appréhensions ; elle me redonnait l'envie d'oser espérer, d'oser croire en l'amour d'un homme, en ses caresses, en ses serments.

Au début de novembre 1972, Jean-Claude vint habiter avec moi. Mon logement était assez grand pour nous abriter ainsi que ma mère et ma fille, sans pour cela briser notre intimité de couple. Car sans être mariés, nous connaissions, Jean-Claude et moi, une véritable vie matrimoniale : chaque matin, mon compagnon, qui était policier, partait à son travail ; moi, je me rendais à mon bureau et le soir, quand Jean-Claude n'était pas de service, nous nous retrouvions à la maison. Nathalie avait fort bien accepté la présence de cet étranger qui parfois partageait ses jeux ou lui en inventait de nouveaux et qui, en somme, pouvait passer pour un père acceptable. Et il est vrai qu'il savait mettre tant de gaieté dans ce grand appartement qui, durant des mois, surtout après le décès de mon père, avait été voué au silence, à la tristesse.

Par son insouciance, sa jeunesse d'esprit, Jean-Claude nous redonnait, « me » redonnait la vie. J'étais heureuse. Du moins je le croyais.

Enfin, j'étais redevenue une femme, que ce soit sur le plan sentimental, sexuel, ou sur le plan social, car j'étais si fière quand Jean-Claude venait me chercher à la sortie de mon travail, sanglé dans son uniforme dont il s'enorgueillissait d'ailleurs comme un véritable gamin !

Oui, je dois l'avouer, la présence de ce beau garçon à mes côtés, lorsque nous marchions dans la rue ou allions dans un restaurant, me flattait. Oh ! certes, il ne ressemblait en rien à Philippe. Il n'avait ni sa douceur ni son réalisme. Pour Jean-Claude, rien n'avait d'importance dans la vie sinon son désir de plaire. Je ne savais pas encore que son insouciance qui me charmait tant n'était qu'une forme d'inconscience et d'égoïsme. J'ignorais encore combien les hommes-enfants peuvent être cruels. Durant ces premiers temps bienheureux de notre liaison, je ne lui demandais que de m'aimer.

Les complications débutèrent un peu plus tard. La réalité quotidienne me contraignit bientôt à constater que nos conceptions respectives de la vie à deux étaient fort différentes, sinon contradictoires. La morale de Jean-Claude tenait, en fait, en peu de mots : selon lui, l'homme avait tous les droits et, entre autres, celui de sortir librement, sa liberté faisant partie intégrante de sa nature. Quant à la femme, elle n'avait que des devoirs, principalement celui de rester à la maison et surtout de ne pas poser de questions.

Or, malheureusement pour lui, malheureusement pour nous, je n'appartenais pas à cette race-là.

— Oh ! je sais, Ginette, tu es intelligente, très intelligente ! me répliquait-il invariablement lorsque je lui exposais mes idées sur le rôle de la femme, conceptions qui lui paraissaient sans doute effroyablement progressistes. D'ailleurs, ajoutait-il, je ne sais pas pourquoi je discute avec toi ! On dirait que tu veux toujours avoir le dernier mot ! Tiens, parfois, j'ai l'impression que tu m'écrases par ta personnalité !

Était-ce l'écraser que de ne pas répondre à l'image qu'il se faisait de moi, celle de la femme patiente et douce qui adbique devant l'autorité du mâle tout-puissant ? Moi qui, toute ma vie, avais été à la recherche de mon autonomie, moi qui avais eu tant de peine à prendre en main mon propre destin, allais-je changer du tout au tout pour l'amour d'un être que je pressentais d'ailleurs de plus en plus fragile et inconstant ?

Peu à peu, je devais bien me l'avouer, sa puérilité me pesait, et aussi son égoïsme qui se dévoilait de plus en plus. Notre vie sexuelle ne m'apportait pas non plus toutes les joies qu'elle me prodiguait au début de notre vie commune et il m'arrivait d'être lassée par ses étreintes soudaines, un peu brutales, que je n'avais pas toujours le temps de désirer. Et puis, il y avait aussi autre chose : écrasé, ainsi qu'il le disait, par ma personnalité, sans doute souffrait-il d'un réel sentiment d'infériorité. Alors, tel un gamin bafoué par sa mère, cruellement, il tentait de se venger et il savait où il lui fallait frapper.

— Tiens, regarde cette fille-là, me lançait-il par exemple alors que nous marchions dans les rues, ça, c'est une belle fille ! Et puis, elle a de beaux seins, tu ne

trouves pas ? Moi, mon idéal, c'est plutôt Jane Mansfield ou Marilyn Monroe, oui, ça, ce sont des femmes,
des vraies !

Je supportais tout sans broncher. Certes, chacune
de ses paroles me transperçait le cœur aussi sûrement
qu'un dard, mais je serais morte sur place plutôt que de
lui donner la joie de me voir sangloter. Jour après jour,
semaine après semaine, je laissais tout simplement l'a-
mour fuir de moi avec un calme qui m'étonnait. Je ne
souffrais pas comme j'avais souffert jadis, durant les
derniers temps de ma vie conjugale, durant ces mois in-
fernaux où je sentais mon pauvre bonheur couler entre
mes doigts impuissants. Non, je savais seulement que
j'étais malheureuse et qu'un beau jour, Jean-Claude
disparaîtrait de mon existence ; je savais aussi que
l'homme avec lequel je vivais m'était infidèle et me
trompait. J'attendais la rupture sans prendre la peine
encore de crier ou de faire le moindre reproche. Mon
combat, me persuadais-je, ne le concernait pas. Rien de
moi ne le concernait. Je le gardais par habitude. Oui,
j'étais résignée à ce nouvel échec, mais cette fois j'étais
la plus forte, comme un malade se sent supérieur à un
médecin ignare et incompétent.

Et pourtant, est-ce que je me disais vraiment tout
à cette époque ? Dans ma volonté de conserver Jean-
Claude malgré ses brimades, son égoïsme, n'y avait-il
pas aussi et surtout la peur, l'horrible peur de la solitude ?

Hélas ! cette solitude, ne la connaissais-je pas déjà,
en fait, moi qui vivait aux côtés d'un homme de plus
en plus absent et étranger et auquel je ne pouvais confier le sens de ma vie, de mon combat ? Non, il me fallait faire quelque chose, sortir de ce nouveau gouffre où
je sombrais. Aussi, sans en parler d'abord à Jean-Claude — d'ailleurs m'aurait-il compris ? — je décidai de re-

prendre la lutte et de rompre avec le serment que je m'étais fait, à mon retour du Brésil, de ne plus subir aucune opération.

C'est ainsi qu'au début du mois de janvier 1973, je pénétrai dans le cabinet d'un éminent médecin du centre-ville, attaché à un grand hôpital. C'était le troisième docteur que je voyais dans la même journée ! Mais une sorte de fièvre s'était emparée de moi, cette même obstination qui, quelques années auparavant, m'avait poussée à consulter le docteur Woolhouse. Mon esprit de résignation que j'avais cru être ma sagesse s'était enfui. Et c'était là sans doute la seule contribution de Jean-Claude, le seul don qu'il devait m'offrir durant tous ces mois de vie commune : de par la fragilité même de son amour, de par la prescience de ma solitude qu'il me laissait déjà entrevoir, il me redonnait le goût de me battre. Avais-je d'ailleurs un autre choix ? Le bonheur que j'avais cru retrouver s'écroulait comme un décor de carton-pâte. Je restais seule, seule avec mon sein « en moins », ce sein à recréer. Mon « infirmité » était redevenue ma seule réalité.

Je ne pus m'empêcher d'avoir un pincement au cœur quand, en cet après-midi d'hiver, je pris place devant l'imposant bureau du médecin. Une foule de souvenirs me prenaient à la gorge, souvenirs tout à coup affreusement présents, douloureux. Il y eut un moment de silence. Enfin, je me décidai et je me mis à conter ma mammectomie, la greffe de peau que j'avais subie . . .

— Très bien, madame. Déshabillez-vous.

J'obéis. Le médecin se pencha sur moi, commença de m'examiner.

— Vous arrivez de l'Amazonie ? me demanda-t-il soudain.

Je le regardai un moment sans comprendre.

— Oui, je ... je suis déjà allée en Amérique du Sud, balbutiai-je, mais ...

— Vous ne savez donc pas, m'interrompit-il alors, qu'en Amazonie, les femmes se coupaient un sein pour tirer à l'arc ?

Je me sentis comme écrasée. J'avais terriblement envie de pleurer, mais je serrai les dents et j'eus même la force de sourire à cette plaisanterie aussi stupide que cruelle qui m'avait blessée au cœur comme la lame d'une épée. Tout à coup, je fus sur le point de me rhabiller et de partir, de planter là le médecin sans autre explication. N'appartenait-il pas à cette race de praticiens que ma longue fréquentation du monde de la médecine m'avait appris à détester, cette race de docteurs plus doctes qu'humains, de savants emplis de science comme des baudruches gonflées d'air pour qui le malade est un numéro, parfois un cas intéressant, mais jamais un être à part entière ?

Pourtant, malgré mon désir de fuir, je décidai de rester, envers et contre tout. « Je suis là pour lui demander de m'opérer, c'est là ma dernière chance, me répétais-je. Je me moque de ce qu'il est, de ce qu'il pense, je m'en moque ! Je m'en moque ! »

Je le laissai alors prendre des dizaines de photos. J'attendais le verdict, à la fois encore humiliée, emplie d'une révolte sourde, et anxieuse aussi, terriblement anxieuse de l'entendre me dire qu'il refusait d'intervenir. Il faut croire hélas ! que je ne connaissais pas encore tout à fait bien ce genre de médecin pour qui le malade n'est pas seulement un numéro, mais aussi un portefeuille bien garni !

— Bon, eh bien, on va vous opérer, on va essayer de faire quelque chose ! me lança-t-il enfin.

Je n'eus même pas envie de lui sauter au cou ou de le remercier comme je l'avais fait avec le docteur Woolhouse. Sans doute, cette fois-ci, n'avais-je pas autant confiance et puis, surtout, malgré tous les espoirs que je mettais en la réussite de cette nouvelle intervention, je ne possédais plus l'enthousiasme des néophytes. La vie m'avait appris à ne plus croire aux miracles.

Le soir même, j'annonçai la nouvelle à Jean-Claude : je devais me faire hospitaliser deux semaines plus tard.

— Tu comprends, lui répétais-je, je dois me faire opérer, il le faut ! Pour moi, c'est une question de vie ou de mort !

— D'accord, me répliqua-t-il simplement avant d'ajouter : au fait, je ne te l'ai pas dit, nous ne pourrons pas aller au restaurant comme prévu. Figure-toi que je suis de service ce soir. C'est pas de chance, hein ?

Je soupirai sans poser de questions. Je n'avais même pas le désir de vérifier s'il ne me mentait pas une fois de plus. Et pourtant, au cours des mois, j'avais appris à deviner quand il me contait des mensonges. Je le pressentais à la légère rougeur qui empourprait ses joues, à sa façon de s'habiller, de nouer sa cravate et je savais alors qu'il allait rejoindre une autre femme. Pauvre Jean-Claude ! C'est vrai, tu avais peut-être raison, je t'étouffais sans doute, comme tu disais, avec mon drame, la lutte incessante que je menais et dont le sens devait toujours t'échapper, ma lucidité qui t'épouvantait et ma volonté qui, me répétais-tu, t'écrasait, t'empêchait de respirer ! Alors, Jean-Claude, si un jour tu lis ces lignes, sache que je ne t'en veux pas. Tu n'étais qu'un enfant, un gamin charmant, égoïste et turbulent. Ce n'était pas ta faute. Même si tu avais fait un effort, un tout petit effort, qu'aurais-tu pu comprendre ?

À la fin janvier 1973, l'opération eut lieu enfin. Je me souviens que, le matin même de l'intervention, on oublia tout simplement de me faire une prise de sang ! Une dispute s'ensuivit entre le chirurgien et l'anesthésiste.

— Pas de prise de sang, on n'opère pas ! disait le premier.

— J'ai trois opérations à effectuer aujourd'hui, il faut que je les fasse ! répliquait le second.

Inutile de dire que cette altercation ne contribua pas à me rassurer, moi qui étais déjà emplie d'appréhension !

En fin de compte, on m'opéra. Puis, ce fut le réveil et de nouveau, le contact de l'épais pansement sur mon sein, l'apparition de la douleur d'abord sourde, rapidement devenue intolérable.

Certes, je ne connaissais pas cette excitation mêlée d'impatience qui avait suivi naguère l'opération du docteur Woolhouse. J'attendais, partagée entre un fol espoir auquel je n'osais croire et une infinie tristesse, car mon immobilité forcée me poussait à jeter un regard d'ensemble sur ma vie, ma pauvre vie faite de victoires si éphémères, d'échecs amers, accumulés . . .

Deux jours après l'intervention, on me signifia que je pouvais quitter l'hôpital. Je reviendrais plus tard quand il serait temps d'ôter le pansement. Le jour de ma sortie, donc, je téléphonai à mon ami et lui demandai de venir me chercher. En effet, je ne pouvais bouger mon bras ni, bien sûr, porter ma valise ; j'étais d'autre part encore si affaiblie par l'opération que je ne marchais qu'avec peine et étais sujette à de terribles étourdissements.

— Bon, attends-moi, me répliqua Jean-Claude avant de raccrocher.

Il était six heures. J'attendis, attendis. Personne ne venait. Assise dans le hall, inlassablement, je guettais les silhouettes qui entraient dans l'établissement. En vain. Deux heures interminables s'étaient écoulées et Jean-Claude n'était toujours pas là. Or, j'avais à peine cinq dollars sur moi, même pas de quoi prendre un taxi ! Rarement dans ma vie, je me sentis aussi désemparée. Un affreux sentiment de solitude m'étreignait. Alors, oubliant ma dignité et tous les regards inconnus, de plus en plus intrigués, posés sur moi, je me mis à pleurer sans bruit, tenant de l'autre main mon pauvre bras replié, luttant contre la douleur qui se réveillait à chaque mouvement, intolérable, et surtout contre l'affreuse pitié que je m'inspirais.

C'est alors qu'un jeune médecin revêtu d'une blouse blanche s'approcha.

— Vous attendez quelqu'un, madame ?

Essuyant furtivement mes larmes, je levai les yeux sur lui. Je me sentais si malheureuse : on s'était dépêché de m'opérer puis de me jeter hors de l'hôpital ; l'homme dont je partageais la vie m'avait tout bonnement oubliée et je me retrouvais seule avec mon manteau d'ocelot sur les épaules sans personne pour m'aider à enfiler la manche ni soutenir mon bras pesant et engourdi, comme paralysé !

— Je... je n'ai pas assez d'argent pour prendre un taxi, balbutiai-je enfin. J'attendais quelqu'un qui devait venir me chercher, mais on m'a probablement oubliée...

Le médecin eut la gentillesse de me raccompagner chez moi. Une demi-heure s'était écoulée après mon retour à la maison quand le téléphone sonna. C'était Jean-Claude.

— Alors, qu'est-ce que tu faisais ? Ça fait au moins une heure que j'essaye de te joindre ! Eh bien, réponds-moi ! Bon, je ne suis pas venu te chercher à l'hôpital, ce n'est pas un crime ! Je suis chez mes parents et je t'avais oubliée, ce sont des choses qui arrivent, non ?

Je n'eus même pas la force ni le goût de lui adresser le moindre reproche. À quoi bon ? Il n'y avait même pas de colère en moi quand je raccrochai, mettant fin au monologue à la fois cynique et embarrassé de mon ami. Je me sentais seulement triste, infiniment triste et lucide aussi, terriblement lucide . . .

Dix jours plus tard, ainsi qu'on me l'avait prescrit, je retournai à l'hôpital consulter mon médecin. Ce dernier était parti en vacances ! Je vis donc un autre praticien. Enfin, on m'enleva le pansement.

Le spectacle était affreux. L'intervention avait échoué lamentablement. Pis encore : la peau était déchirée, encore sanguinolente, tuméfiée, et la prothèse était sortie !

Ce fut de nouveau l'hospitalisation. Les médecins décidèrent de me faire une anesthésie mitigée. Je me laissais ballotter, telle une morte vivante, un automate qui respire et parle mécaniquement. Tout ressort intérieur en moi me semblait mort. Je n'avais même plus la force d'espérer, de pleurer ou encore de me révolter contre ces étrangers qui abîmaient mon corps.

Une infirmière me fit une piqûre dans le bras. On m'enleva la prothèse interne. À ce moment-là, consciente bien que sous l'effet des drogues, j'eus un sursaut de révolte.

— Cette prothèse, je l'ai payée deux cent cinquante dollars ! eus-je alors la force de lancer. Vous allez la stériliser ! Je la veux !

On ne me la rendit jamais. Pour toute réponse à mes questions, on me répondit qu'on l'avait perdue . . . et je dus encore payer les quatre jours d'hôpital et l'anesthésie !

Les jours qui suivirent furent parmi les plus affreux de mon existence. Physiquement, je souffrais atrocement ; il me fallait prendre des bains fréquents qui calmaient à peine ma douleur. Et surtout, j'avais perdu confiance en la médecine, en ces praticiens savants que je voyais autrefois comme autant de « docteurs-miracle ». Car ce médecin qui m'avait opérée n'avait-il pas cherché à me manipuler, à faire de l'argent avec moi, en m'opérant le plus vite possible, quels que fussent les dégâts qui pouvaient être engendrés ? Ne savait-il pas que ma peau était trop cicatricielle ? Pour lui, je n'avais été qu'une source de profit, un « cas intéressant » aussi peut-être, un cobaye soumis à une expérience, dût-elle tourner à la tragédie.

À mon retour à la maison, je pressentis que, de nouveau, j'étais au bord du gouffre de la dépression nerveuse. Je passais des heures entières comme hébétée, sur le canapé du salon, revêtue d'un vieux peignoir usé, tandis que le dégoût de moi-même, de la vie tout entière m'étreignait, m'étouffait. Oui, tous les symptômes de la dépression, que je connaissais si bien pour les avoir déjà vécus, étaient là. Il ne me restait plus qu'à me laisser glisser sur la pente du désespoir, un peu plus chaque jour, docile, sans colère, sans révolte . . .

Encore une fois, ce fut la présence de ma petite Nathalie qui me poussa à me ressaisir. Pour elle, je devais avoir la force de recommencer, d'oublier la lamentable opération que j'avais subie et aussi de clarifier mes rapports avec Jean-Claude, car nous ne pouvions vivre éternellement dans le mensonge !

C'était le soir de la Saint-Valentin, le 14 février 1973. Depuis quelques minutes, un peu nerveuse, je guettais le retour de mon ami. Dès que j'entendis la clé tourner dans la serrure, je me précipitai au devant de lui.

— Écoute, Jean-Claude, il faudrait qu'on parle tous les deux, je . . .

Brusquement, je m'interrompis. Avec son sourire d'enfant pris en faute que je lui connaissais si bien, il me tendait un beau bouquet de fleurs. Alors, bêtement, j'eus envie de pleurer et malgré moi, je balbutiai :

— Je . . . je voulais te dire . . . J'aimerais tant aller au Carnaval de Québec. Je n'y suis jamais allée, tu comprends, cela me changerait les idées et . . .

— Malheureusement, ce n'est pas possible ! me répondit-il en fuyant mon regard. Je dois accompagner ce soir les joueurs de hockey de l'équipe de Ville-Lasalle . . . Peut-être une autre fois . . .

Demeurée seule, ce soir-là, machinalement, j'ouvris la radio. On donnait les nouvelles du sport : l'équipe de Ville-Lasalle avait été battue une semaine auparavant. Jean-Claude m'avait donc menti.

La fureur s'empara de moi. C'était plus que je ne pouvais supporter ! Je pris ses fleurs et je les jetai à la poubelle. Non, cette fois, c'était fini, bien fini !

Enfin calmée, je m'étendis sur mon lit, dans l'obscurité. Je me sentais comme glacée. J'aurais tant voulu pleurer. Je n'y parvenais pas.

CHAPITRE VII

Trente ans : l'âge amer de la lucidité

Dès le lendemain de ce fameux soir, je décidai d'affronter Jean-Claude, bien résolue à mettre les choses au point définitivement.

— Oui, Ginette, je sais, j'ai dû te faire de la peine, me répliqua-t-il, l'air penaud et repentant lorsqu'à bout de souffle, j'interrompis ma cascade de reproches, mais je te le promets, je vais essayer de changer, ajouta-t-il d'une voix tremblotante, je te le jure, je ne te mentirai plus jamais, plus jamais !

Je me demande encore pourquoi je ne le mis pas à la porte dès ce jour-là, pourquoi je tentai de le croire. Ne savais-je pas déjà qu'il ne changerait pas, qu'il continuerait à sortir comme par le passé, me laissant seule avec ce bras encore si pesant et douloureux et mes idées de désespoir ?

Hélas ! encore une fois, j'étais prise au piège de la terrible, de la torturante peur de la solitude.

Les mois passèrent. Le printemps arriva. Je n'avais relevé aucune modification significative dans le comportement de mon ami. J'étais totalement désemparée et aussi terriblement en colère contre moi-même de me faire manipuler par cet être qui était incapable désormais de m'offrir la moindre parcelle de bonheur et qui n'avait plus rien à faire dans ma vie, non, plus rien ! Que recherchais-je donc encore en Jean-Claude, en ce gamin égoïste, en cet homme-enfant amoureux de lui-même, de son plaisir de plaire, en cet amant dépourvu d'amour, en ce compagnon éternellement absent, si étranger à mon être, à mon existence tout entière ?

Oh ! certes, quand nous nous promenions dans la rue et que nous croisions telle ou telle femme à la poitrine particulièrement opulente, Jean-Claude ne faisait plus d'allusions blessantes. Il n'osait plus. Sans doute avait-il, plus que jamais, peur de moi.

Et puis, il y eut ce soir de mai 1973 où Jean-Claude m'annonça qu'il devait se rendre aux noces d'un de ses amis.

— Oh ! je peux t'accompagner, lui répliquai-je. Mon bras ne me fait plus autant souffrir et cela me changerait les idées . . .

Quand je vis son visage se rembrunir, je ne pressentis que trop la vérité.

— Non, écoute . . . Ce n'est pas que je ne veuille pas que tu viennes, balbutia-t-il, mais enfin, il vaut peut-être mieux que tu te reposes . . . Et puis, ce sont des gens que tu ne connais pas . . . Je suis sûr que tu t'ennuierais à mourir . . .

Je le laissai partir. Mais quelques jours plus tard, j'appris par hasard qu'en fait, il était sorti accompagné de quelqu'un d'autre. Cette fois, c'en était trop ! J'en avais assez, plus qu'assez de vivre dans le mensonge !

Dès que je l'entendis rentrer, ce soir-là, je ne lui laissai même pas le temps de dire quoi que ce soit. Il ne fallait surtout pas qu'il parle, qu'il prononce une seule parole, sinon . . .

— Tout est fini entre nous ! lui lançai-je, hors de moi. Je ne peux pas me faire manipuler éternellement ! Tu vas ramasser tes affaires et déguerpir d'ici. Je ne veux plus jamais te revoir. Plus jamais, tu entends ? Je sortis alors sa valise de l'armoire, où j'entrepris de jeter pêle-mêle ses vêtements et ses effets personnels. Une force à la fois enivrante et douloureuse m'animait.

— Va-t'en, lui dis-je enfin en lui tendant ses bagages. Tu seras sans doute plus heureux sans moi et moi sans toi.

Il prit sa valise, recula gauchement jusqu'à la porte. Il évitait mon regard. Il ne prononça pas une parole. Peut-être, en fait, était-il soulagé que j'aie pris l'initiative de notre rupture. Brusquement, il me tourna le dos, fit tourner la poignée.

— Et puis, tu sais, j'ai passé l'âge de pousser le carrosse !

Le vacarme de la porte qui claquait derrière lui recouvrit ma voix. Voilà. C'était fini. De nouveau, j'étais seule, seule avec ce nouvel échec qui venait s'ajouter aux autres. Je voulus pleurer mais, comme au soir de la Saint-Valentin, je n'y parvins pas.

Chancelante, j'allai m'asseoir sur le canapé du salon. Un court moment, je demeurai hébétée. Tout à coup, je me redressai. Il me semblait m'éveiller lentement d'un mauvais rêve. Et voilà que, soudain, je retrouvais en moi la Ginette volontaire d'antan, celle qui, lors d'une parade de mode, avait osé présenter une robe extrêmement décolletée, elle, la mammectomisée, la « mutilée », celle qui, dans sa chambre de jeune fille, inventait fiévreusement des modèles de robes déments, fantastiques, celle qui enfin, en ce soir de printemps, avait eu la force de préférer la solitude au mensonge.

— Cette fois, c'est fini, — bien fini ! me répétais-je — et sans même m'en rendre compte, je parlais à haute voix entre mes dents serrées. J'ai eu un père qui m'a manipulée par son amour exclusif et égoïste, j'ai eu un mari qui, lui aussi, a cherché à me manipuler par le truchement de sa famille, et enfin un ami qui fut non seulement incapable de m'aimer, mais aussi de me comprendre...

Soudain je sursautai. Sans bruit, ma mère m'avait rejointe. Alors, doucement, comme lorsque j'étais petite fille, elle me prit tout contre elle et inclina ma tête contre sa poitrine.

— Allons, ma chérie, me murmura-t-elle, aujourd'hui, tu as beaucoup de chagrin, mais demain, cela ira mieux ! Il faut avoir confiance !

Enfin, je m'abandonnai ; les larmes libératrices jaillirent et je me mis à pleurer éperdument, sans honte, secouée de lourds sanglots enfantins.

À dater de ce jour, je me jetai comme une folle dans le travail. De même qu'autrefois je m'étourdissais dans les études, je décidai de me consacrer entièrement à ma vie professionnelle, oh ! certes non pas par ambition ou pour faire avancer ma carrière, mais simplement afin de ne plus penser, de ne plus avoir le temps de penser et surtout de me souvenir.

C'est ainsi que je partais à mon travail dès six heures du matin ; je passais même pour le boute-en-train du bureau et si là encore, comme dans tous les autres endroits où j'avais été employée, on me considérait comme « une drôle de fille », la plupart de mes collègues louaient ma bonne humeur et mon dynamisme. S'ils avaient su combien je pleurais au-dedans de moi !

La vie continuait, réglée selon des horaires stricts, somme toute assez monotone. Heureusement, le soir, il y avait ma petite Nathalie, sa présence, son amour toujours égal que rien ne pouvait altérer, elle le seul être qui ne me demandait pas de changer, qui m'aimait pour ce que j'étais, tout simplement.

J'étais toujours aussi préoccupée qu'elle devienne un être autonome ; aussi, dès son plus jeune âge, je lui avais confié des responsabilités dans certaines petites choses. À aucun prix, je n'aurais voulu qu'elle ressente mon amour pour elle comme un carcan étouffant ; j'avais tant souffert moi-même de cette tendresse écrasante, surprotectrice que me prodiguait mon père ! Avant tout, je désirais que Nathalie soit Nathalie et non pas une autre Ginette et je devais m'avouer, avec fierté, que mes efforts étaient d'ores et déjà récompensés : chaque soir, ce n'était pas seulement une enfant, ce n'était pas seulement ma fille que je retrouvais, mais aussi une compagne qui, au-delà des mots, au-delà des moyens limités de son vocabulaire enfantin, étrangement, me comprenait plus qu'aucun être ne pouvait le faire.

C'est ainsi qu'après le souper, lorsque nous regardions la télévision, Nathalie venait se blottir contre moi et, curieusement, c'était toujours du côté de ma mammectomie qu'elle se couchait, comme si elle « savait », comme si, inconsciemment, elle avait voulu réchauffer cette partie mutilée de mon corps, lui redonner vie par son amour, sa présence. Alors, quand je sentais sa tête au creux de mon épaule et ses petits bras qui entouraient mon cou, malgré moi j'avais envie de pleurer. Parfois, je tentais de la changer de place, mais elle revenait toujours sur le côté mammectomisé avec un entêtement touchant qui me faisait venir les larmes aux yeux.

— Maman, me demanda-t-elle plus tard, pourquoi est-ce que je me couchais toujours sur ce côté-là ?

Je ne sus alors que lui répondre. Et aujourd'hui encore, je ne peux exprimer clairement la nature du merveilleux secret qui nous unissait. Il y a des choses dans la vie que les mots, nos pauvres mots, si limités, si précis, si réalistes, sont incapables d'exprimer et l'amour, le véritable amour fait sans doute partie de ces choses-là.

Grâce à Nathalie, je pus échapper une fois de plus au spectre de la dépression nerveuse qui me guettait, après ma rupture avec Jean-Claude, et faire face à ma solitude, somme toute assez vaillamment. Je ne sais pas ce que j'aurais fait si je ne l'avais eue à mes côtés, elle qui ne condamnait pas mes accès de tristesse et de découragement, elle qui semblait même les comprendre en venant tout à coup me trouver et poser sa petite tête contre ma poitrine, elle qui savait se réjouir de mes périodes d'euphorie, aussi brèves fussent-elles, elle qui savait rire et se taire soudain, elle, le seul être qui savait m'aimer véritablement.

Car mes rapports avec autrui, sous l'apparence dynamique que je me donnais, continuaient à être difficiles et douloureux. Au bureau, si plusieurs de mes collègues m'aimaient bien et appréciaient ma compagnie, on ne pouvait vraiment parler d'amitié. Hélas ! j'en étais la première responsable : mon comportement de fuite dès que tel ou tel camarade de travail voulait faire montre d'une certaine intimité, même si cette dernière se plaçait hors du plan sentimental ou sexuel, n'était pas sans dérouter mon entourage. Quant à ma famille, particulièrement celle de ma mère, quand il m'arrivait de la visiter, je sentais chez elle une sorte de méfiance, de réprobation sourde.

— Ma pauvre Simone, voulait-on dire à ma mère, ta Ginette ressemble trop à son père : elle est tout aussi autoritaire, on dirait qu'elle seule détient la vérité ! Et puis sa franchise, son côté trop direct frise l'impolitesse. Elle ne sait pas être discrète ; tiens, elle semble toujours prendre trop de place, même quand elle se tait et reste assise dans un coin ! Et cette attitude n'a pas changé au cours des ans . . .

Et dans un sens, c'était vrai. Mais ils ignoraient que cette force de caractère qui les épouvantait tant, j'avais dû la conquérir au cours de terribles épreuves faites d'espoirs éphémères, de retombées amères ; ils ignoreraient toujours combien « la Ginette qui prenait trop de place » avait dû lutter pour conserver sa volonté de se battre, d'être, de redevenir et de rester elle-même, envers et contre tous.

Quant à mes aventures sentimentales, elles furent longtemps réduites à zéro. L'échec de ma liaison avec Jean-Claude n'avait pas amélioré ma vision pessimiste de l'amour. Et puis, un autre sentiment qui, jusqu'alors, m'avait été inconnu était apparu en moi : désormais, outre la résolution de ne plus m'embarquer dans aucune aventure amoureuse, une sorte de méfiance involontaire s'emparait de moi dès qu'un homme me faisait des avances, aussi timides fussent-elles. Philippe m'avait fait découvrir la fragilité de l'amour. Avec Jean-Claude, j'avais appris la souffrance de l'humiliation et la réalité du mensonge. Chacun à sa façon, tous deux m'avaient trompée. Aussi, désormais, comme un oiseau blessé qui ne peut plus voler, je me recroquevillais sur moi-même, plus méfiante qu'apeurée à la première approche masculine. Je n'attendais même plus, comme naguère, le fameux miracle auquel je ne pouvais m'empêcher de croire, avec une crainte délicieuse mêlée d'espoir. Je n'attendais plus rien. À trente ans passés, je pensais avoir enfin atteint le temps désabusé de la clairvoyance, l'âge amer de la lucidité.

Pourtant, je n'étais pas au bout de mes peines. J'avais rencontré et partagé la vie d'un homme-enfant. Il manquait à ma panoplie l'homme d'âge mûr, surprotecteur, le « papa-gâteau ». Cela allait bientôt être chose faite !

Un certain soir de printemps 1974, je prenais un verre avec des amis après le travail. Le temps m'était compté : je finissais à cinq heures et je devais impérativement être à la maison à six heures et quart, car ma mère travaillait le soir et je n'avais pas les moyens alors de me payer une gardienne.

C'est au cours de ces quelques minutes de loisir que je fis la connaissance de Michel qu'un de nos camarades avait amené dans notre groupe. Grand, blond, il était plus âgé que moi, peut-être d'une dizaine d'années. Dès que ses yeux bleus très doux se posèrent sur moi, ils ne me quittèrent plus. Dès le premier instant, je m'ingéniai à le jauger : il était hors de doute qu'il possédait à son actif du charme et de la distinction ainsi qu'une très bonne éducation. À son passif, s'inscrivaient sa terrible sollicitude qui se trahissait dans chacun de ses gestes ainsi que sa galanterie trop exquise et insistante pour ne pas devenir rapidement intolérable.

Il me raccompagna chez moi ce soir-là jusqu'à la porte comme le fait tout homme bien élevé, après s'être précipité pour ouvrir ma portière comme tout homme bien élevé... et avant de me demander si nous pouvions nous revoir avec cette pointe d'assurance mêlée de réserve qui caractérise tout homme bien élevé.

Je ne dis ni oui ni non. Michel « se permit » de me téléphoner « tout en se permettant d'insister ». Si bien que le samedi suivant, je consentis à aller au restaurant avec lui. Ce fut, je dus bien l'admettre, une fort agréable soirée. Michel avait décidément de très bons côtés : il était exquis, prévenant, il savait écouter quand il le fallait, parler ou se taire, sortir son briquet dès que je faisais mine de prendre une cigarette, et se préoccupait sans cesse de savoir si les mets me plaisaient, si je n'a-vais ni trop chaud ni trop froid.

C'était aussi le type même du fin gourmet qui ne semblait boire que pour goûter, manger pour apprécier. Il se nourrissait, s'habillait, agissait et parlait tout aussi posément, délicatement. Sa vie était polissée, parfaite-ment ordonnée ; tout excès en était exclu ainsi que les rires trop bruyants et, sans doute, les colères. Tout en lui était en demi-teintes, soumis à la règle toute-puis-sante de la bienséance.

Certes, cela me changeait de l'exubérance et de la turbulence enfantine de Jean-Claude ! Mais ce n'était pas là seulement le seul contraste : outre sa politesse qui pouvait parfois paraître horripilante, Michel possédait une qualité qui faisait cruellement défaut à mon ex-ami : la loyauté. Et c'est peut-être à cause de cela qu'insensiblement, je me pris au piège de la protec-tion ... Ce qui ne dura que quelques semaines, le temps de découvrir que j'avais laissé un gamin pour un papa ! Moi qui avais eu tant de mal à échapper à l'em-prise de mon vrai père, voilà que je m'en inventais un second !

Nous nous revîmes durant un mois environ, cha-que fin de semaine. Nous n'étions pas amants et notre aventure demeurait sur un plan parfaitement platoni-que. Michel était trop bien élevé pour brusquer les cho-ses. Il pensait sans doute en être au « temps de l'hom-mage ». Peut-être aussi espérait-il dépasser ce stade mais, en ce qui me concernait, j'avais eu tôt fait de dé-couvrir que je souhaitais en rester là. Pourquoi me se-rais-je jetée dans cette nouvelle aventure alors que je sa-vais pertinemment qu'elle était vouée à l'échec ? Sur ce point, ma liaison avec Jean-Claude m'avait servi de le-çon et je n'étais pas prête à recommencer !

Car je devais bien m'avouer que la politesse, l'empressement et le calme de Michel qui, un temps, m'avaient charmée, m'exaspéraient de plus en plus. Si encore il s'était contenté de se précipiter au devant de mes désirs, s'appliquant à me « gâter », comme il disait, ce n'aurait pas été si grave. Sans doute me serais-je lassée moins vite, bien que son attitude ne fût pas sans me rappeler un autre amour, l'amour de mon propre père qu'il me semblait parfois voir ressusciter dans certains de ses gestes trop prévenants, certaines nuances de sa voix tout à coup inquiète, certains regards angoissés. Je sentais que non seulement il avait peur pour moi, peur qu'il ne m'arrive quelque chose, par exemple en traversant la rue, quand il me prenait la main comme à une enfant, mais aussi, en quelque sorte, qu'il avait peur de moi, que je l'effrayais.

— Ma petite Ginette, me disait-il parfois quand, excédée par son calme, sa sagesse, j'explosais à ma manière, éclantant de rire trop fort dans le restaurant, n'eût-ce été que pour secouer ce carcan de raison qui pesait sur moi ; ma petite Ginette, me murmurait-il gravement, je me fais du souci pour toi. J'aimerais que tu changes, que tu t'assagisses . . .

Encore un qui me demandait de changer, de me conformer à la vision qu'il avait de moi ! M'assagir ! J'avais peine alors à garder mon sang-froid. Je haussais les épaules. Que connaissait-il de moi, celui-là aussi ? De quel droit s'ingérait-il dans mon existence, se posait-il en juge ? Je ressentais alors une irrésistible envie de fuir et seul un reste de tendresse envers cet être qui, finalement, ne cherchait pas à me faire du mal, me retenait à ma chaise. Mais quelques minutes plus tard, au sortir du restaurant, je devais encore lutter contre un sentiment de sourde exaspération lorsqu'avec une lenteur et une douceur horripilantes, Michel m'aidait à enfiler mon manteau.

— Non, reste là, attends-moi me conseillait-il. Je vais chercher la voiture. Il pleut et tu n'es pas assez couverte, tu pourrais attraper du mal !

Un mois après notre rencontre, un certain soir de mai 1974, avec toute la diplomatie dont j'étais capable — et ce n'était certes pas là une de mes principales qualités ! — je signifiai à Michel qu'il était inutile désormais de nous revoir. Je ne lui révélai pas les véritables motifs qui m'avaient poussée à prendre cette décision. Même si je lui avais dit : « Cher ami, tu es bien gentil, j'ai passé de merveilleux moments avec toi, mais ta tendresse paternelle m'écrase et j'aurais préféré que tu sois moins poli et que tu cherches à me comprendre », sans doute le pauvre cher homme n'aurait-il rien compris !

— Je vois que rien n'est possible entre nous, lui dis-je simplement. Je suis désolée.

Michel disparut de ma vie comme il y était entré, tout aussi discrètement et avec un exquis savoir-vivre. Je n'en entendis jamais plus parler.

Ce fut le seul intermède dans tous ces mois de solitude que je connus après ma rupture avec Jean-Claude. Le temps continua de s'écouler. Je ne peux pas dire que j'étais affreusement malheureuse. J'avais atteint une sorte de maturité qui m'empêchait, pensais-je, de retomber dans le gouffre sans fond de la dépression ou de connaître ces accès de désarroi, de désespoir total que j'avais vécus autrefois. Non, me disais-je, je n'avais plus le droit de m'apitoyer sur mon sort, ne serait-ce que pour Nathalie, qui avait maintenant dix ans et commençait à comprendre bien des choses. Il y allait en quelque sorte de ma dignité et, si je m'étais laissée aller au désespoir, j'aurais vu cela comme un grave manque d'amour à son égard. Et puis, il y avait maman, ma chère maman qui, peu à peu, devenait une vieille dame, et pour elle aussi, je me devais de rester forte. Ces deux êtres chéris, il était de mon devoir désormais de les rendre heureux et comment pouvais-je leur donner ce bonheur, sinon en leur rendant chaque jour au centuple le merveilleux, l'incommensurable amour dont ils m'entouraient ? Bref, durant tous ces mois, je crus avoir atteint une sorte d'équilibre. Je n'avais même plus le temps de penser au passé ou à l'avenir, mon temps étant partagé entre mon travail, ma fille et aussi les travaux de peinture que j'avais décidé d'effectuer dans l'appartement chaque fin de semaine.

J'en étais même arrivée à oublier ce sein, ce petit sein en moins, cette mammectomie qui, avec son cortège de complexes et d'inhibitions, avait sans doute conditionné mon existence tout entière. Du moins, je le pensais jusqu'à un certain jour de janvier 1975 où, par hasard, je lus dans un journal un article sur un éminent chirurgien montréalais ayant pour nom Gilles Lauzon. Ma décision fut prise aussitôt : je devais aller le consulter ! Voilà que, de nouveau, j'étais résolue à tenter l'impossible !

Peu à peu, donc, j'entrepris de ramasser l'argent nécessaire. Certes, je ne possédais pas trop d'illusions sur les chances de réussite d'une nouvelle et éventuelle intervention chirurgicale, ma dernière expérience m'ayant plutôt « refroidie » sur ce point. Mais une étrange volonté impérieuse m'animait contre laquelle je ne pouvais lutter. Était-ce une force bénéfique ou néfaste ? Avais-je tort ou raison de m'obstiner à recréer ce sein et finalement, peut-être, à contrecarrer les plans de la nature ? Je l'ignorais ou plutôt je ne voulais pas le savoir. « Il me faut essayer encore, me répétais-je, essayer encore, une dernière fois ! »

Et aujourd'hui, cinq ans plus tard, je ne peux que me féliciter d'avoir pris cette décision, aussi déraisonnable put-elle paraître, car en Gilles Lauzon, j'allais enfin rencontrer un médecin franc et honnête qui allait me parler non pas en tant que médecin, mais comme un être humain pour qui le malade n'est pas un numéro, mais une personne à part entière. Et cette découverte devait être capitale pour moi, au moins aussi importante que le résultat positif ou négatif de l'intervention.

Et de fait, dès les premiers instants de mon entrevue avec le docteur Lauzon, alors que je lui contais mon cas et toutes les opérations qui avaient lamentablement échoué, je sentis que cet homme, qui me regardait gravement en prenant des notes, n'était pas un médecin comme les autres, qu'il ne cherchait pas uniquement à poser un diagnostic, mais qu'il tentait aussi de comprendre mon passé, mes motivations.

— Alors voilà, dis-je enfin, en conclusion à mon long discours. Je vous demande de m'opérer. Ne craignez rien, je prends tous les risques.

Il y eut un long moment de silence. J'attendais un peu tendue, anxieuse. La voix du médecin s'éleva :

— Pourquoi voulez-vous vous faire opérer ? Pour vous ou pour quelqu'un d'autre ?

— Pour moi, répondis-je résolument, bien qu'un peu désarçonnée par la question.

— Bien, reprit le docteur Lauzon, car vous savez, on ne doit jamais se faire opérer pour quelqu'un d'autre.

Je hôchai la tête en souriant. Nous nous comprenions. Un sentiment s'empara de moi que je ne croyais plus jamais devoir nourrir envers quiconque affublé du titre de médecin : la confiance.

Puis, longuement, le docteur m'examina, prit des dizaines de photos. Enfin, ce fut le verdict :

— Écoutez, Ginette, me dit-il enfin, je ne peux pas vous opérer. Votre peau est trop cicatricielle. D'abord, ce serait vous faire dépenser beaucoup d'argent...

Hélas ! je le savais, moi qui avais d'ores et déjà investi plus d'argent sur un seul sein que Jane Mansfield sur ses deux seins !

— Et puis, surtout, continuait le médecin, ce serait tout à fait inutile.

Il prit le temps de me parler, de m'expliquer. Il n'appartenait pas à cette race de médecins qui croient avoir la science infuse. Au contraire, il me faisait part de ses scrupules, humblement, des limites de son savoir et de sa pratique, de son hésitation à me faire souffrir une nouvelle fois, peut-être inutilement. Il ne me parlait pas seulement de mon corps, de mon « cas médical », il « me » parlait.

— Vous comprenez, poursuivait-il, en quelque sorte, je n'ai pas le droit de vous laisser espérer en une intervention qui, à mon avis, risque d'échouer. Encore une fois, je vous le répète, votre peau est trop cicatricielle, aucune prothèse ne pourra tenir. Vous savez qu'il en existe de trois tailles, des grandes, des moyennes et des petites ; mais même si l'on choisissait celle qui pourrait vous convenir, votre peau ne manquerait pas de se rouvrir et...

— Non, il faut trouver un moyen ! Quitte à courir au devant d'un autre échec, je veux me faire opérer ! Je vous en prie, docteur, je vous jure encore une fois que je prends tous les risques !

Un autre médecin n'aurait certainement pas hésité ! N'étais-je pas la malade idéale qui s'entête à vouloir payer pour une opération quelles qu'en soient les conséquences ? Mais le docteur Lauzon n'était pas de cette race-là.

Il y eut encore un long moment de silence. Le médecin m'examina de nouveau, prit d'autres photos.

— Bien, je vais réfléchir. Téléphonez-moi demain ou plutôt repassez me voir. Nous en reparlerons.

Comme convenu, je revins le lendemain.

— Bon, on va essayer, me dit le docteur Lauzon, mais il va falloir vous faire une nouvelle cicatrice. Vous comprenez, jusqu'ici vous avez toujours été opérée au même endroit et la peau ne tient plus...

Je hôchai la tête, dissimulant mal mon émotion. Ce n'était pas tant l'espoir que je mettais en la réussite de l'opération qui me transportait que le simple et merveilleux bonheur d'être comprise. Car ces risques, ces fameux risques que comportait l'intervention, le docteur Lauzon venait d'accepter de les prendre avec moi. Pour moi.

Et dès cet instant précis, je sus que, quelle que soit l'issue de l'opération, qu'elle réussisse ou qu'elle échoue, je ne pouvais lui dire qu'un seul mot : «merci».

CHAPITRE VIII

Des larmes au rire

Quelques semaines plus tard, je fus admise dans une clinique privée fort luxueuse du nord de la ville. On me fit une anesthésie locale et le docteur Lauzon m'opéra. Puis on me retransporta dans ma chambre et l'on m'étendit sur mon lit. Peu à peu, j'émergeais de la lourde torpeur qui semblait peser sur moi et le premier visage que je distinguai fut celui de Gilles Lauzon qui était penché sur moi, souriant. Là encore, d'ailleurs, il se distinguait de ses confrères car, lors de mes précédentes expériences, j'avais dû me résigner à ne voir le médecin qu'au lendemain de l'opération, à la sauvette, lors d'une visite éclair. Le docteur Lauzon, lui, avait tenu à rester avec moi après l'intervention et à assister à mon réveil.

— Comment cela a été docteur ?

En réponse à ma question, doucement, il posa sa main sur mon bras.

— Bien, bien ... Mais il ne faut surtout pas que vous bougiez ...

C'était un jeudi. Le samedi, le docteur Lauzon dut se rendre aux États-Unis où avait lieu un important congrès. Ce même jour, je rentrai chez moi, le torse recouvert d'un épais bandage. Je n'avais pas le droit de bouger ni de trop me déplacer et je décidai donc ce soir-là de regarder la télévision. Mais tout à coup, je ressentis une étrange sensation de chaleur sur mon ventre. Je pensai tout d'abord à incriminer le peignoir peut-être trop chaud que j'avais revêtu. Hélas ! ce n'était pas cela. Je faisais tout bonnement une hémorragie ! Le sang coulait abondamment, j'étais complètement affolée.

Aussitôt, je téléphonai à Nicole, la secrétaire du docteur Lauzon, avec laquelle j'avais déjà eu l'occasion de m'entretenir et qui était devenue une véritable amie pour moi.

— Ne bouge pas et mets de la glace, me répondit-elle. Ne t'en fais pas, c'est sans doute un hématome !

Dès le lundi matin, je me présentai à la clinique. Le docteur Lauzon me reçut aussitôt. Jamais sans doute je n'oublierai la terrible scène qui suivit. Je me revois encore, assise sur une chaise, la main posée sur mon pansement, le visage livide, incapable d'articuler une parole. À mon entrée, il m'avait examinée sans mot dire et, maintenant, il continuait de se taire, le visage grave, tendu.

Au dehors, la neige tombait et l'on pouvait voir, par la large baie vitrée de la fenêtre, les milliers de flocons frêles, quasi immatériels, qui, abandonnés au vent, comme enivrés, semblaient emportés dans une danse folle et totalement anarchique, un ballet grandiose qui paraissait n'avoir jamais de fin. À l'intérieur, dans le cabinet ouaté du docteur, le silence continuait de peser. Et pourtant, dans cet interminable silence, quelque chose se passait, comme un dialogue muet entre le praticien et moi. Le médecin me regarda et, dans le regard douloureux qu'il me lança, je pus lire qu'« il savait ».

Oui, il savait combien j'avais souffert au cours de toutes ces années d'essayer et d'essayer encore et cette souffrance présente, qui aujourd'hui naissait de ce nouvel échec, il la partageait avec moi.

Soudain, il me tourna le dos, alla dans un coin de la pièce. Il demeura ainsi durant un court instant. Tout à coup, il se retourna.

— Pourquoi ? Pourquoi ? murmura-t-il alors. Comment cela a-t-il pu arriver ?

Malgré toute ma détresse, une douce émotion me submergea. Pour la première fois de ma vie, je n'étais plus seule dans mon malheur. Car le lamentable échec de l'opération n'était pas seulement ma défaite, mais la sienne aussi et elle était aussi amère pour lui que pour moi.

Alors, quelque chose d'extraordinaire se passa en moi. Je ne ressentais pas cette sensation de désarroi, de révolte impuissante qui avait suivi les opérations précédentes. Tout à coup, grâce à l'humanité du médecin, j'eus la force de sourire, la force pour deux d'espérer.

— Allons, docteur, lui lançai-je d'une voix ferme, presque enjouée, ce n'est que partie remise ; un jour, nous réussirons, vous verrez !

Hélas ! quelques minutes plus tard, je sanglotais éperdument, comme une enfant. Avec toute la douceur dont il avait été capable, le médecin m'avait annoncé qu'il fallait sur-le-champ me faire une anesthésie locale et retirer « à froid » la prothèse, laquelle était d'ailleurs à moitié sortie de la plaie.

Et soudain, ce fut l'idée de la douleur physique que je ne pus supporter, cette souffrance que je ne connaissais que trop bien pour l'avoir déjà vécue lors de mes précédentes opérations et qui, de nouveau, allait renaître en moi, intolérable.

Je m'étendis. Le docteur élargit délicatement l'incision sous mon sein et extirpa la prothèse. Les dents serrées, de tout mon être, je tentais de lutter contre la douleur qui montait, déferlait sur mon corps comme une vague.

— Docteur, ça ... ça me chauffe... J'ai mal, j'ai mal ...

Comme j'aurais voulu ne pas les dire, ces mots-là, et montrer que j'étais courageuse ! Mais c'était plus fort que moi. Parfois je regardais Nicole, la secrétaire, qui, debout à mon chevet, aidait le médecin, et sa présence me réconfortait. À un moment, je crus voir des larmes dans ses yeux et je ne pus m'empêcher de l'en remercier d'un pauvre sourire.

L'intervention dura une heure, une heure interminable durant laquelle maman, qui m'avait accompagnée, m'attendit derrière la porte du cabinet. Pauvre maman, elle ne savait pas ce qui se passait et sans doute était-elle folle d'inquiétude. Comment pourrai-je me faire pardonner, chère petite mère, toutes ces affreuses heures d'angoisse que je t'ai fait vivre au cours de ces années d'épreuves ? Et voilà qu'en ce triste matin d'hiver, pour tout remerciement, je t'apportais encore un peu plus de souffrance !

Quand je sortis du cabinet, elle se leva sans un cri, livide. Puis, doucement, elle s'avança vers moi pour me soutenir.

— Tu as mal, ma chérie ? me questionna-t-elle anxieusement. Dis, tu as très mal ?

J'acquiesçai, incapable d'articuler une parole. Je souffrais atrocement. Ma nouvelle cicatrice était moins longue, mais beaucoup plus profonde que les autres et je ne pouvais presque pas bouger mon bras. « Pourquoi ? Pourquoi ? me répétais-je inlassablement. Y a-t-il une fatalité dans ma vie ? » Et tandis que, soutenue par maman, je m'avançais titubante dans le dédale des corridors de la clinique, je me revoyais seule, deux ans plus tôt, assise dans un hall d'hôpital avec cette même sensation de douleur dans mon bras affreusement pesant et paralysé. Mais non, ce n'était pas vrai. Je n'avais pas le droit de m'apitoyer. Je n'étais pas seule, maman était là, à mes côtés, ma petite Nathalie m'attendait à la maison... Je n'étais pas seule... Certes, le docteur Lauzon avait échoué, mais en lui j'avais découvert plus qu'un médecin : un ami qui, avant que je le quitte, m'avait fait promettre de revenir le voir car, m'avait-il dit, « tout espoir n'est peut-être pas perdu »...

Hélas ! durant les jours et les semaines qui suivirent, je vécus de véritables heures de cauchemar que seul, sans doute, l'amour de mes proches m'aida à surmonter. Je ne pouvais me rendre à mon travail, tant je souffrais. D'autre part, il m'était impossible de porter une prothèse externe car cette dernière, qui était en plastique caoutchouté, adhérait à ma peau affreusement couturée et cicatricielle. Il était aussi impensable d'apposer du papier ciré et des kleenex qui auraient collé au pansement. Mais, fort heureusement, j'avais au moins l'avantage d'avoir une peau qui cicatrisait assez rapidement et, un mois après mon opération, je pus me mettre en quête d'un nouvel emploi. C'est ainsi que je trouvai un poste au service des télécommunications dans un important édifice gouvernemental.

Ma vie active reprit. Pourtant, durant toutes ces semaines d'immobilisation forcée, j'avais jugé que le temps était venu de tirer une leçon de toutes ces années de combat. En vain avais-je tenté de dresser une sorte de bilan. En fait, je ne parvenais pas à voir clair : parfois, je me serais battue de me faire abîmer presque à plaisir au gré de toutes ces interventions qui n'avaient fait qu'empirer mon état. À d'autres moments, je me félicitais d'avoir tenté l'impossible. « Il faut tout oublier, consentir à vivre avec un seul sein », me disais-je dans mes moments d'abattement. « Je retournerai voir le docteur Lauzon, me répétais-je l'instant d'après, qui sait si, dans quelques mois, lorsque la peau sera parfaitement cicatrisée, qui sait alors si l'on ne pourra pas recommencer. Si quelqu'un peut me guérir, c'est lui ! »

Car je raisonnais encore en termes d'infirmité et de guérison. Et ce n'est que quelques années plus tard, quand j'allais pouvoir m'estimer « guérie », que je devais comprendre que la mammectomie n'est pas une maladie et encore moins une tare. Car ma véritable maladie à moi et que connaissent sans doute bien des femmes mammectomisées, c'était surtout et avant tout le refus de moi-même, de mon corps ; le jour où enfin je pus me dire que j'avais gagné, je sus que ma réussite ne se situait pas tant sur le plan médical que sur le plan de l'amour : oui, enfin, je m'acceptais, je m'aimais moi-même et c'était en cela que devait résider ma victoire.

Mais je n'en étais pas encore là à cette époque où, vainement, je tentais de voir clair et de discerner le sens de mon combat. Maman, elle, désapprouvait totalement ce qu'elle appelait mon « entêtement à courir au devant des catastrophes ».

— Arrête donc de jouer avec ta santé, me disait-elle fréquemment. Pense à ta fille, si quelque chose t'arrivait . . .

— Voyons, Ginette, vous êtes folle ! affirmait mon gynécologue lors de la visite annuelle que j'effectuais chez lui. Un sein en moins, ce n'est pas le bout du monde, que diable !

Seul, mon médecin de famille m'approuvait :

— Tu as bien fait, ma petite Ginette. Ça a échoué ?
Tant pis. Au moins, tu auras essayé. Tu n'as rien à regretter.

Et moi, j'écoutais tous ces points de vue en silence,
sans donner tort ou raison à quiconque. Savais-je moi-
même où j'en étais, moi qui tout à coup n'étais plus si
sûre du sens de mon combat. Est-ce que je luttais seulement sur le bon terrain ? Même si, un jour, l'opération
réussissait, si la chirurgie plastique parvenait en quelque sorte à recréer mon sein, si, enfin, je pouvais porter
ces fameuses robes décolletées qui m'avaient toujours
été interdites, trouverais-je alors définitivement le bonheur ? Et si le problème devait être totalement inversé ?
Si je n'avais pas été si seule, affectivement et sentimentalement, peut-être n'aurais-je pas donné tant d'importance à ma fameuse « infirmité »... Alors quoi ? Me
fallait-il attendre le prince charmant ? N'était-ce pas un
peu ridicule à près de trente-deux ans ? Avais-je le droit
de m'en remettre entièrement à un amour féerique et
rédempteur qui, d'ailleurs, n'était sans doute pas près
d'arriver ?

Et puis non, tout cela était grotesque. J'étais prisonnière d'un cercle vicieux infernal. Comme une apprentie araignée bien maladroite, je m'étais prise au
piège de ma propre toile et je ne pouvais plus bouger,
paralysée par les milliers de fils ténus que j'avais moi-
même tissés. Ma solitude me renvoyait à mon infirmité,
mon infirmité était, du moins le croyais-je, la cause de
ma solitude. Toutes deux n'étaient que le double visage
de mon malheur.

Mais tel ou tel événement que l'on n'ose plus espérer n'arrive-t-il pas souvent dans la vie précisément lorsqu'on ne l'attendait plus ? C'est ce qui se produisit
pour moi un certain jour d'automne 1975 où j'allais fai-

re une rencontre, dans des circonstances d'ailleurs assez cocasses, rencontre à laquelle je ne devais accorder au début que bien peu d'importance, mais qui allait bouleverser ma vie tout entière et me mettre sur le chemin du salut et de la victoire.

Ce soir-là, il y avait beaucoup de monde à la banque où j'étais allée remettre mon chèque de salaire. Attendant parmi la file de clients, je montrais quelque impatience et je décidai d'allumer une cigarette. Soudain, une voix résonna derrière moi :

— Pardon, madame, auriez-vous du feu ?

Je me retournai vers l'inconnu qui venait de prononcer ces paroles. J'eus envie de hausser les épaules et je fus tentée de lancer à ce beau monsieur aux cheveux châtains que je n'étais pas dupe de ce truc archi-usé pour aborder une femme et qu'il aurait pu faire montre d'originalité !

Je me contentai, avec toute la froideur dont je pouvais être capable, de lui prêter mon briquet. Mais « l'autre » ne désirait visiblement pas en rester là. Il engagea la conversation et me confia entre autres, qu'il travaillait dans un grand laboratoire de chimie. Il parlait, parlait avec une verve intarissable si bien que, malgré moi, je commençais à me dérider.

— Il y a un certain temps, hasardai-je, j'avais voulu retourner aux études, mais . . .

— Ah oui ? Et qu'est-ce qui vous aurait intéressé ?

— La psychologie . . . Mais finalement, je me suis orientée professionnellement dans un autre domaine . . .

— Lequel ?

La conversation se poursuivait, certes bien anodine, tandis que la caissière effectuait son travail. Tout en parlant, je tenais mon chèque de paye à la main, sur lequel étaient inscrits mon mom et mon adresse et, plongée dans le feu de la discussion, je ne m'aperçus même pas qu'à un moment, mon interlocuteur se penchait discrètement sur moi pour les lire. Bref, mon tour vint enfin. Je passai donc avant mon compagnon, quittai la banque et rentrai chez moi. La conversation que j'avais eue avec mon inconnu m'avait mise de fort bonne humeur sans que je puisse savoir d'ailleurs exactement pourquoi, peut-être parce qu'elle apportait un peu d'imprévu et de fraîcheur dans ma vie si monotone. Aussi, dès mon retour, je ne pus m'empêcher d'en faire part à ma mère :

— Oh ! maman, lui lançai-je en riant, si tu avais vu le beau monsieur que j'ai rencontré à la banque . . .

Ma phrase s'arrêta là et nous parlâmes d'autre chose. Je ne pensais plus à ma petite aventure quand on sonna à la porte. Ma mère alla répondre. Tout à coup, je restai stupéfaite, abasourdie : la voix que j'entendais résonner dans le hall était bel et bien celle de l'inconnu que j'avais rencontré à la banque !

— Je crois que la dame a laissé tomber cela par mégarde, tout à l'heure. Je tenais à le lui rapporter. Excusez-moi de vous avoir dérangée . . .

Je prêtais l'oreille, ne sachant si je devais ou non me montrer, mais déjà la porte se refermait sur mon étrange visiteur. Maman me tendit ce que l'homme lui avait remis : il s'agissait d'une enveloppe . . . renfermant sa propre carte d'affaires sur laquelle il avait écrit ces mots : « J'aimerais vous revoir ».

Le fou rire s'empara de moi. Depuis bien longtemps, sans doute, je n'avais pas ri ainsi !

— Eh bien, je le reverrai dans deux semaines à la banque ! m'exclamai-je. Et puis non . . .

Ma mère me regardait, un peu méfiante, désarçonnée par mon air soudain résolu. Elle s'apprêtait à ouvrir la bouche, mais je lui coupai la parole :

— Et puis non, ajoutai-je, je vais lui téléphoner !

— Es-tu folle ? Voyons, Ginette, une femme ne doit pas...

— C'est décidé, maman, je l'appelle !

Ma pauvre mère savait que j'avais la tête dure et que, lorsque j'étais résolue à faire quelque chose, rien ne pouvait m'en détourner. Aussi prit-elle, momentanément du moins, le parti de se taire.

Quant à moi, je continuais à m'agiter, à dresser des plans, amusée par le côté cocasse de mon aventure.

— Tiens, m'exclamai-je à un moment, je vais attendre et l'appeler à son bureau ! Comme ça, je saurai vraiment ce qu'il fait !

— Ma pauvre petite fille, soupirait ma mère, dans quelle aventure t'embarques-tu encore ?

Pauvre maman ! Elle me regardait m'animer et gesticuler comme une enfant et sans doute avait-elle le cœur gros, sans doute avait-elle peur pour moi, peur que je ne souffre une nouvelle fois. Mais je m'obstinais comme si j'avais pressenti que rien de fâcheux ni de douloureux pouvait sortir de cette rencontre somme toute assez divertissante et qui, pour un soir du moins, trompait mon ennui.

Toutefois, le lendemain, je n'oubliai pas ma décision de la veille et je téléphonai à Armand — puisque tel était le prénom de mon inconnu — au laboratoire de chimie où il travaillait. Il était absent momentanément et je laissai à la secrétaire mon nom et mon numéro de téléphone.

Dix minutes plus tard, le téléphone sonnait. C'était Armand.

— Je vous appelais seulement par curiosité, commençai-je. Je voulais savoir comment vous aviez eu mon nom et mon adresse...

— À la banque, me répondit-il simplement ; j'ai vu votre nom sur votre chèque que vous teniez à la main.

— Ah bon !... répliquai-je, un peu désarçonnée, eh bien, je... C'est tout ce que je voulais savoir. Au revoir !

— Non, attendez ! Est-ce qu'on pourrait se voir ce soir ?

J'hésitais. En d'autres circonstances, sans doute aurais-je raccroché après un refus sec et définitif, mais une force intérieure me poussait à continuer le jeu.

— Je suis désolée, repris-je alors, je ne sors jamais sans ma petite fille Nathalie et...

— Eh bien, on emmènera Nathalie ! Alors, c'est d'accord ?

— C'est que, ajoutai-je, de plus en plus amusée par le tour de la conversation, ce soir précisément j'ai du shopping à faire sur la rue Saint-Hubert...

— Nous le ferons tous les trois. Vous verrez, je suis de très bon conseil ! Donc, nous disons à quelle heure ?

Force me fut de prendre rendez-vous. Dès que j'annonçai la nouvelle à ma mère, elle fut complètement affolée.

— Voyons, maman, lui répliquai-je, rassure-toi, j'ai la tête sur les épaules, et puis je suis si déprimée en ce moment que cela ne pourra me faire que du bien ; je ne lui dois rien, à ce garçon-là !

Comme convenu, j'emmenai donc Nathalie et nous rejoignîmes toutes deux Armand à notre point de rendez-vous. Comme un fait exprès, une pluie fine et tenace se mit à tomber. Nous décidâmes de nous réfugier dans un restaurant pour y manger avant de commencer notre shopping, lequel était pour le moment assez compromis. Et chose curieuse, je ne cherchais même pas à m'étonner ni à me défendre du sentiment de joie et de plénitude qui, peu à peu, m'envahissait, ni du rire qui, spontanément, jaillissait de ma gorge tandis que nous nous attardions devant nos cafés. Peut-être était-ce surtout à cause de la présence de Nathalie que je ne posais pas de questions. Ma rencontre avec Armand s'était située hors du commun et elle se poursuivait en quelque sorte hors des sentiers battus. Chaque minute qui passait avait un goût d'exceptionnel et cela me suffisait.

Et je parlais, je parlais. Nathalie nous regardait en souriant, tout en mangeant son dessert, heureuse de cette soirée qui avait des allures de fête. Armand m'écoutait, me reprenait parfois avec calme lorsqu'il estimait que telle ou telle de mes argumentations était fausse et je devais bien m'avouer que, dans les divers sujets que nous abordions, il avait plus souvent raison que moi. Alors je prenais le sage parti d'écouter — pour une fois ! — de plus en plus charmée par le calme, la culture et aussi le merveilleux humour de mon compagnon. Il était déjà tard quand nous nous aperçûmes que les boutiques allaient bientôt fermer. Plus question de shopping et puis, il était plus que temps de mettre Nathalie au lit.

Armand nous raccompagna jusqu'à notre porte. Il devait, m'apprit-il, s'absenter pour la fin de semaine, mais il m'assura qu'il me téléphonerait à son retour.

C'est ce qu'il fit et nous nous revîmes souvent avec Nathalie et quelquefois sans elle. Mais je n'avais plus à me battre contre cette terrible méfiance mêlée de peur qui avait présidé au début de chacune de mes liaisons, dans mon existence. J'avais vieilli, mûri. Ce que je vivais grâce à Armand, ce n'était pas cet amour fou et rédempteur, issu des contes de fées, que j'avais cru trouver avec Philippe, ni cet attachement à la fois forcené et tragique, presque malsain que j'avais trouvé en Jean-Claude. Certes, tout comme mon ex-mari, Armand avait un caractère assez opposé au mien : il était aussi pondéré et calme que je pouvais être spontanée, faisait preuve de diplomatie, qualité qui m'a toujours manqué ; il m'apportait aussi la sagesse de vivre au jour le jour, à moi qui avais la fâcheuse tendance de vouloir toujours planifier les choses, de m'angoisser sur l'avenir. Mais ce contraste entre nos caractères était une véritable complémentarité car, en fait, nous avions la même vision de l'existence et de la vie de couple. Plus que cela : Armand n'allait pas seulement m'apprendre le calme, la pondération et la joie de vivre ; il allait aussi m'enseigner l'amour, le véritable amour, non pas la simple aventure égoïste qui se vit à deux, mais aussi la générosité, le désir d'aimer le monde, de sortir enfin de soi-même et Dieu sait si j'en avais besoin !

Il allait aussi m'apprendre autre chose, une chose qui devait pour moi revêtir une importance capitale : l'amour de moi-même, moi, la mammectomisée, la « mutilée », et le courage d'affronter enfin le reflet de mon corps nu dans un miroir . . .

CHAPITRE IX

La fin du cauchemar

Voici près de cinq ans maintenant que je vis avec Armand et, aujourd'hui encore, je ne sais comment le remercier de tout ce dont je lui suis redevable. Et si, bien des années après notre rencontre, je lui suis encore éperdument reconnaissante, ce n'est pas seulement parce qu'il m'a sortie de la solitude et m'a redonné mon rôle de femme, de compagne, maîtresse de son foyer ; le bonheur dont il m'a fait don et qui ne cesse de m'habiter désormais dépasse le cadre égoïste de la joie d'être deux. Cet amour-là, j'ai non seulement appris à le recevoir, mais aussi à le redonner aux autres, à ce monde extérieur qui, durant tant d'années, ne m'avait inspiré que des réactions de frayeur et de fuite. Aujourd'hui, je n'ai plus peur. J'ose aimer et c'est sans doute là ma plus belle victoire.

Tout cela, je le dois à Armand, lui, le premier homme qui me poussa à être enfin moi-même et non l'image que je voulais donner de moi, lui qui, précisément, me respecta assez pour me laisser devenir ce que j'étais, lui qui sut m'aider sans que jamais son secours ne me pèse, lui qui sut me rudoyer parfois et aussi comprendre mon passé de souffrances, sans me juger, sans non plus avoir pitié.

Dès le début de nos relations, je compris le caractère exceptionnel de nos rapports. Loin de vouloir que nous nous repliions sur nous-mêmes ou que nous nous enfermions jalousement dans notre bonheur tout neuf, Armand insistait souvent pour que Nathalie nous accompagne dans nos sorties et, de cela aussi, je lui étais infiniment reconnaissante. Dès notre première soirée, nous avions été trois et il entendait que nous le restions. Pour ma petite Nathalie, il n'était pas seulement un compagnon de jeux comme l'avait été Jean-Claude ; je sentais que ma fille l'adorait et le respectait aussi comme son second père. Quant à maman, tout de suite, elle avait éprouvé de la sympathie envers Armand qui sous ses dehors taquins — car il adorait et adore encore la faire enrager — se montrait toujours prêt à lui rendre service et savait apprécier ses qualités de douceur et de bonté. Oui, en quelque sorte, il restructurait, reconstruisait notre foyer où il rapportait non seulement la gaieté et l'optimisme, mais aussi la joie, la vraie joie, celle de se retrouver, de vivre les uns avec les autres, et non les uns à côté des autres, et de partager.

Et moi, j'assistais à tout cela, émerveillée. Il aurait été un peu bête de dire que je venais enfin de découvrir l'amour. C'était plus que cela. La découverte que j'effectuais, grâce à Armand, échappait au seul et strict plan sentimental. Ce n'est pas tant le plaisir d'être aimée qu'il me donnait, que le désir d'apprendre à aimer. Mais étais-je vraiment prête ? Peut-on véritablement aimer les autres lorsqu'on ne parvient même pas à s'accepter soi-même ?

Dès les premiers temps de notre liaison, j'avais confié à Armand que j'avais été mammectomisée à ma naissance. Il m'avait écouté attentivement sans que je puisse surprendre la moindre lueur d'étonnement, de curiosité ou de pitié dans son regard. Il ne s'était pas plus attardé sur le sujet que, par la suite, il n'avait cherché à l'éviter. En fait, ma fameuse « infirmité » ne l'énervait ni ne le traumatisait le moins du monde, lui qui travaillait dans le domaine para-médical et qui était sans doute habitué à rencontrer des cas autrement dramatiques !

Et c'est sans doute avant tout grâce à cette attitude si juste qu'il eut dès le départ vis-à-vis de ce que j'appelais encore « ma difformité » qu'il put véritablement m'aider, par sa compréhension ... et aussi en me donnant certains « coups de pied au derrière » dont, finalement, j'avais grand besoin ! C'est ainsi que, lorsqu'il nous arrivait de faire du shopping, je regardais presque exclusivement — comme à mon habitude d'ailleurs — les vêtements que je savais pertinemment ne pas pouvoir porter. Immanquablement, une force douloureuse et masochiste me poussait à m'attarder devant telle robe fort décolletée ou tel soutien-gorge à dentelles qui m'étaient interdits. La suite des événements se déroulait toujours selon le même scénario : je sortais du magasin, pleine d'amertume, et sans avoir rien acheté, aux côtés d'un Armand étonnamment silencieux et qui avait fait preuve, du moins jusque-là, d'une patience plus qu'angélique !

Alors, invariablement, je me lamentais :

— Pourquoi je ne peux pas porter ces robes ? Pourquoi ? Tout le monde peut porter ça, pourquoi pas moi ?

Enfin, Armand sortait de son silence. Sa voix calme et ferme s'élevait :

— Non, me répliquait-il, même une femme avec ses deux seins ne peut pas nécessairement porter ce genre de robe. Et puis, elle ne t'irait peut-être pas, même si tu étais « normale », comme tu dis. Tiens, prenons comme exemple la mini-jupe : toute femme a deux jambes, deux cuisses et, pourtant, elle ne sied pas à tout le monde. C'est une mode, c'est tout. Toi, tu ne peux porter cette robe pour telle raison, d'autres ne le pourront pas plus que toi et ce, pour divers autres motifs. Il n'y a pas de quoi alarmer la terre entière !

Cette argumentation, pourtant si sensée, avait le don de m'enrager.

— Tu ne comprends rien ! Les hommes ne comprennent rien à ces choses-là ! lui lançais-je en reniflant, à travers mes larmes.

Mais pour toute réponse, Armand éclatait de rire, ce qui, bien sûr, ne faisait qu'augmenter ma fureur. Puis, il prenait le parti d'attendre que je me calme. Enfin, il m'entraînait dans une autre boutique, m'aidait à choisir une robe.

— Tu vois, me disait-il alors en souriant, celle-ci te va beaucoup mieux ; avec l'autre, tu n'aurais pas été aussi belle !

Et force m'était d'admettre qu'il avait raison.

Mais l'enseignement d'Armand — c'est bien là le mot qui convient car, durant des mois, ne fut-il pas pour moi un véritable professeur ? — ne se limitait pas seulement à mon aspect physique ; il allait me faire découvrir mes propres qualités humaines, ce côté positif en moi que je ne voyais pas.

— Voyons, Ginette, me disait-il souvent lorsque je connaissais mes fameux moments d'abattement, réfléchis un peu ! Sur la robe que tu portes, le mot « mammectomisée » est-il inscrit en lettres rouges ? Si tu ne le révèles pas à quiconque, est-ce que les gens te disent :

« Mon Dieu, Ginette, tu as un sein plus gros que l'autre ! » Non ? Eh bien alors, arrête de jouer à la martyre ! Ouvre un peu les yeux sur le monde au lieu de te recroqueviller dans ta coquille ! Cesse de projeter ton image de femme mammectomisée sur les autres, de te percevoir comme une anormale, une mutilée !

Que pouvais-je répondre à cela ? Armand ne venait-il pas de résumer tout le drame de ma vie, mes inhibitions, mes complexes ?

Et puis, vint le temps de ma première victoire. Depuis quelques mois, nous avions emménagé avec Nathalie dans une maison à Brossard. Maman, qui travaillait le soir à Montréal, avait préféré rester en ville, de peur de la fatigue du trajet. Elle venait nous voir — comme elle le fait d'ailleurs encore aujourd'hui — chaque fin de semaine et elle était toujours accueillie avec la même joie.

J'avais changé de domicile mais mon problème n'avait pas changé pour autant. En effet, là comme dans les autres endroits ou j'avais habité, j'éprouvais des réticences à me promener nue, même lorsque j'étais seule. J'étais très pudique, ou plutôt, si on peut dire, j'étais naïve, je m'illusionnais : j'avais l'impression qu'en ne me regardant jamais dans un miroir autrement qu'habillée, bien coiffée et maquillée, je pourrais oublier mon « infirmité ».

Sur ce plan également, Armand me fut d'une grande aide. Peu à peu, il m'apprit à me promener dans la maison, tous stores baissés, entièrement nue sous ma chemise de nuit.

— Allons, Ginette, m'encourageait-il, personne ne peut te voir ! Ou alors aurais-tu peur de moi ?

Enfin, un beau matin, j'osai. Au lieu de me précipiter comme je le faisais chaque jour à mon réveil pour enfiler mon soutien-gorge et apposer sur mon sein ma fameuse et indispensable prothèse externe, je décidai de rester ainsi, la poitrine nue sous ma chemise de nuit, laquelle était passablement transparente. Et pour moi, cette décision qui aurait pu sembler bien anodine, voire ridicule à bon nombre de femmes, avait l'allure d'un véritable exploit !

Puis, je m'enhardis à aller me camper devant le miroir de ma chambre et à poser les yeux sur ma poitrine qui se dessinait sous le léger nylon de mon vêtement de nuit. Alors, malgré moi, ma gorge se serra. Je revoyais l'image d'une toute petite fille qui, juchée sur des talons hauts, jouait à la dame et éclatait de rire à chaque fois qu'elle trébuchait sous le regard attendri de sa grand-maman. Mais un autre souvenir supplantait déjà cette vision d'enfance, l'image d'une adolescente qui, chaque soir, dans l'obscurité de sa chambre, évitait soigneusement, en se déshabillant, de poser son regard sur ses seins, avant de revêtir à la hâte sa chemise de nuit et de se glisser sous les draps, éperdue de honte douloureuse.

Enfin, les souvenirs du passé s'estompèrent. Un soleil printanier inondait la chambre, caressait paresseusement les draps de notre lit où Armand reposait, encore endormi. Au dehors, les oiseaux n'en finissaient pas de piailler, comme ivres de la chaleur retrouvée. Une nouvelle fois, j'osai faire face, affronter mon reflet dans le miroir. De nouveau, mon regard se posa sur ma poitrine et, pour la première fois de ma vie sans doute, je ne pensai pas à m'apitoyer sur moi-même car ce n'était pas seulement ce sein atrophié que je voyais, ce sein dont j'avais fait, durant tant d'années, le centre du monde, mais mon corps tout entier, ce corps qui m'appartenait, qui était mien, qui était « moi ».

Alors, je sus que j'étais sur le chemin de la victoire et que toutes les souffrances que j'avais vécues n'avaient peut-être été dues qu'à la peur mêlée de haine que je m'inspirais moi-même, au dégoût que j'éprouvais pour ce corps que je considérais comme à jamais mutilé. Et soudain, j'eus envie de pleurer non pas de détresse, mais de joie, une joie à la fois douloureuse et libératrice. Je n'étais pas devenue une autre, ce matin-là. C'était encore plus merveilleux que cela : j'étais devenue moi-même.

Les progrès que je ne devais dès lors cesser d'enregistrer rejaillirent bien sûr sur ma vie sociale et professionnelle. Je ne me sentais plus malade et, par conséquent, je n'avais plus envie de prouver quoi que ce soit aux autres. Je n'étais plus prisonnière d'un secret étouffant et infamant ; je pouvais donc me taire et apprendre à écouter les autres, sans plus de peur d'être découverte, et tenter de partager leurs joies et leurs peines. Un matin de printemps, j'avais consenti à m'accepter moi-même et voilà que maintenant j'avais des yeux pour voir, des oreilles pour entendre le bruit du monde, ses rires, ses cris de détresse et aussi, parfois, ses appels au secours. Je n'étais plus seule, je ne serais plus jamais seule ; j'avais tout un monde à aimer.

Toutefois, il serait faux de dire que j'avais été transformée comme sous l'effet d'une baguette magique. On ne rompt pas si facilement avec tout un passé de lutte. C'est ainsi que je n'avais pas perdu tout espoir en la réussite éventuelle d'une opération chirurgicale. Aussi retournais-je fréquemment consulter le docteur Lauzon. Pourquoi cette obstination ? Peut-être parce que je ne parvenais pas à me persuader que j'avais tant combattu pour rien ; non, je ne pouvais croire que l'intolérable douleur qui avait suivi les échecs respectifs de mes quatre opérations précédentes resterait vaine à jamais. Dieu ne pouvait permettre tant de souffrance inutile !

— Tu m'aimes ou tu ne m'aimes pas ? dis-je brusquement à Armand, un certain soir de janvier 1976, alors que nous étions seuls tous les deux.

Il me regarda un instant en silence, un peu déconcerté.

— Mais bien sûr que je t'aime, répliqua-t-il enfin. Où veux-tu en venir ?

— Eh bien, si tu m'aimes, décrétai-je sans prendre garde à sa question, tu me prends avec mes qualités et mes défauts. Or, tu n'ignores pas que j'ai la tête dure...

— Oh ! ça, je le sais, admit Armand en soupirant.

— Alors voilà, déclarai-je d'un ton ferme, demain, je vais voir le docteur Lauzon pour lui demander de m'opérer encore une fois.

— Mais voyons, il t'a bien dit et répété qu'une intervention chirurgicale n'était plus possible dans ton cas et...

— Non ! Il m'opérera. J'ai d'ailleurs ma petite idée là-dessus dont je lui ferai part pas plus tard que demain !

Un autre homme aurait sans doute été exaspéré par mon obstination. Armand ne dit rien. Tout à coup, il m'attira tendrement à lui et il me sourit. Il n'était peut-être pas d'accord avec moi au fond de lui-même, mais il me respectait, il respectait ma volonté. Et c'était là la plus belle marque d'amour qu'il eût pu me donner.

Le lendemain, je pénétrai dans le cabinet du docteur Lauzon. Après qu'il m'eût examiné, je décidai de lui poser la question que j'avais préparée depuis déjà plusieurs jours :

— Je voulais vous demander, docteur... Je crois qu'il est possible de faire faire des prothèses internes sur mesure ?

— Oui, en effet,

— Alors, assurai-je d'un ton décidé, vous allez m'en faire faire une ! Puisque celles qui existent sur le marché sont trop grosses, il faudra donc en commander une plus petite. Ne pensez-vous pas qu'alors une opération aurait des chances de réussir ?

Le médecin me regarda un instant en silence.

— D'accord, me dit-il enfin. Mais je dois être franc avec vous. Même avec une prothèse sur mesure, vous n'aurez pas un sein qui aura vraiment la grosseur de l'autre . . .

— Bah, qui ne tente rien n'a rien ! l'interrompis-je en riant.

Une prothèse fut donc confectionnée au laboratoire d'après un moule du galbe de mon sein. Vint enfin le jour de l'opération qui eut lieu dans la salle réservée aux interventions chirurgicales, annexe au cabinet du docteur Lauzon. On me fit une anesthésie locale si bien que, durant tout le temps de l'opération qui dura trois quarts d'heure, je restai parfaitement consciente. Je me souviens même que, tandis que le docteur pratiquait l'incision et mettait en place la prothèse, nous ne cessions de parler tous les deux et de plaisanter.

— Vous savez, répétais-je au médecin en riant, mon père avait une tête de cochon et, moi aussi, j'ai une tête de cochon ! Et si je ne suis pas guérie, vous me verrez revenir, ça, vous pouvez en être sûr !

Jamais sans doute, au cours d'une opération, je n'avais été aussi décontractée. Peut-être parce qu'au contraire des autres fois, je n'appréhendais ni l'anxiété de la réussite ni le désespoir de l'échec. Je savais que j'étais aux mains d'un excellent médecin qui était aussi un ami ; je savais qu'Armand était là, tout près, dans la salle d'attente — car il avait tenu à m'accompagner ; je savais que cette opération, même si elle réussissait, ne ferait pas de moi une autre femme, mais qu'elle aiderait seulement à épanouir un peu plus l'être autonome et complet qu'Armand m'avait appris à découvrir et à aimer.

Il était quatre heures, cet après-midi-là, lorsque nous repartîmes, Armand et moi.

— J'ai faim ! lui dis-je soudain. Si tu savais comme j'ai faim !

Il m'emmena alors au restaurant, puis nous revînmes à la maison. À mon arrivée, notre chienne, Beauty, était comme folle : on aurait dit qu'elle tenait à me faire encore plus fête que d'habitude, comme si elle avait pressenti que ce jour n'était pas comme les autres et qu'elle devait me démontrer un peu plus son amour, à sa façon.

Nous n'avions pas encore envie de nous coucher et nous décidâmes de veiller quelque temps dans le salon. Je me souviens du sentiment de paix intense qui m'envahit alors. Nathalie dormait dans sa chambre. Un silence paisible régnait sur la maison. Enfin calmée, Beauty sommeillait à mes pieds. Armand lisait à mes côtés ; parfois, il levait les yeux sur moi et me souriait. Alors je compris que, quel que fût le résultat de l'opération, d'ores et déjà j'avais en moi le bonheur.

Aussi, durant tout le temps où je dus rester avec mon épais pansement apposé sur mon sein, dans l'attente du résultat, je ne connus pas la moindre réaction de peur ou de fuite. Alors qu'au lendemain de mes précédentes opérations, je me recroquevillais sur moi-même et me tenais prostrée sur le canapé devant la télévision, comme paralysée par l'anxiété, cette fois-ci, au contraire, je continuais de mener une vie active et j'étais même peut-être plus attentive que de coutume à mes proches. Certes, j'avais une petite appréhension de l'hémorragie qui pouvait survenir, mais la présence de

Nathalie, d'Armand et de maman, qui était venue passer quelques jours avec nous, m'aidait à la surmonter.

Quinze jours après l'opération, je retournai voir le docteur Lauzon comme il avait été convenu. Et ce fut la grande nouvelle : l'intervention avait parfaitement réussi ! J'étais comme folle, j'avais envie de crier, de danser, de chanter ! Je ne tenais plus en place . . .

— Oh ! Armand, m'exclamai-je, à peine avions-nous passé le seuil du cabinet, il faut tout de suite que j'aille m'acheter de nouveaux sous-vêtements, tu sais, ceux que je ne pouvais pas porter . . .

Soudain, je m'interrompis dans mon élan. Je venais de prendre conscience d'un nouveau problème : je ne pouvais plus acheter les prothèses qui se vendaient sur le marché, ces dernières étant toujours complètes ; il ne me restait donc qu'une seule solution : me faire faire la prothèse externe dont j'avais uniquement besoin.

— Tu ne vas pas recommencer ! soupira Armand dès que je le mis au courant de la situation.

Mais je n'allais pas abandonner si près du but ! J'allai voir alors toutes les sortes de prothèses qui existaient sur le marché. Aucune ne pouvait me convenir. Un jour, je lus un article dans le journal où il était fait état de nouvelles prothèses beaucoup plus souples et améliorées qui venaient d'apparaître sur le marché allemand. Aussitôt, j'en commandai une qui me parvint enfin d'Allemagne quelque temps plus tard. Je l'essayai immédiatement. C'était parfait, si parfait que je ne pus m'empêcher de dire à Armand :

— Viens avec moi, allons tout de suite acheter un soutien-gorge . . .

Je m'interrompis. Je venais de me rappeler que ce soir-là, précisément, nous avions promis à Nathalie de l'emmener au restaurant.

— Bah ! ce n'est pas si urgent, ajoutai-je, nous irons l'acheter demain, voilà tout !

Mais le lendemain, j'avais des choses bien plus urgentes à faire. Les jours et les semaines passèrent. Quatre années se sont écoulées depuis et je n'ai toujours pas acheté la fameuse petite robe décolletée qui me faisait tant envie. Je ne l'achèterai sans doute jamais . . . peut-être parce que, désormais, je n'en ai plus besoin.

Aujourd'hui, je peux enfin affirmer que j'ai gagné. Mais ma victoire ne réside pas seulement dans la réussite de ma dernière opération — la cinquième que j'aie subie dans mon existence ! Non, ma grande victoire a été avant tout une victoire sur moi-même ; elle ne se place pas tant sur le plan médical que sur le plan de l'amour, cet amour que j'ai appris à recevoir et à donner, surtout à donner ! Pourtant, quand je regarde toutes ces années d'épreuves, de cauchemar, je ne regrette rien. Si tout était à recommencer, je recommencerais sans doute de la même façon et je commettrais les mêmes erreurs, car cette interminable et difficile quête de moi-même et de mon autonomie n'a pas été vaine, je le sais à présent. Non, je ne renie pas la volonté tenace qui m'anima durant toute ma vie, qu'elle se soit exprimée dans cette course effrénée aux médecins ou dans la recherche entêtée et pathétique d'un compagnon qui eût pu me faire enfin accomplir mon destin de femme. Quant aux pauvres victoires si éphémères et amères qui jalonnèrent toutes ces années de combat, je ne pense pas non plus à en sourire aujourd'hui. La Ginette qui, lors d'une certaine parade de mode, avait su tricher, celle qui, un certain soir de printemps avait préféré la solitude à une vie de couple plongée dans le mensonge, cette Ginette-là ne préparait-elle pas l'avènement de celle qui, aujourd'hui, peut crier bien haut au monde entier : j'ai gagné !

On ne change pas, on ne change jamais. Je n'ai pas changé. C'est l'amour qui m'a transformée, c'est-à-dire qui, simplement, m'a aidée à devenir moi-même ; l'amour d'une mère, d'une enfant, d'un homme, et aussi la compétence et la compréhension d'un médecin. Être et devenir chaque jour un peu plus capable d'aimer, voilà ma victoire. Comment, auparavant, aurais-je été capable de donner de l'amour, moi, la mammectomisée, la « mutilée » qui fuyais mon image dans les miroirs et dans les regards des autres, moi qui demandais qu'on m'aime sans savoir rendre cet amour, moi qui ne savais que projeter sur autrui l'image de ce que je croyais ou aurais voulu être ?

Je n'ai pas voulu que cette longue quête personnelle qui occupa toutes ces années de ma vie, cette quête du bonheur, de mon intégrité morale et physique, et de mon image dans le miroir demeure vaine. Oh ! certes, elle ne l'était pas pour moi, mais j'ai désiré qu'elle soit utile aux autres, à vous toutes, de plus en plus nombreuses, qui avez eu ou aurez un jour à faire face au douloureux problème de la mammectomie. C'est pourquoi j'ai tenu à écrire ce livre. Je me devais de le faire pour vous parler à vous toutes, pour vous apporter mon aide à travers le récit de mon expérience et vous crier bien humblement, non pas du haut de la chaire doctorale, mais avec mon sang et ma chair, de toute mon âme : vous n'êtes pas seules, vous n'êtes plus seules, vous, mes compagnes, mes sœurs . . .

Quelques conseils pratiques à la femme mammectomisée

La honte, l'affreuse et obsédante honte de soi-même, est sans doute la plus grande ennemie de la femme mammectomisée. Voici d'ailleurs un fait surprenant qu'il vous sera aisé de vérifier ; vous pourrez entendre parfois une femme ayant subi une hystérectomie s'exclamer en plein party : « Ah, je suis bien contente maintenant, il n'y a plus de danger ! » Avez-vous jamais entendu une femme oser dire qu'elle avait été mammectomisée ? On ne se gêne pas pour parler de l'ablation des ovaires alors qu'on préférerait souvent mourir sur place plutôt que de faire la moindre allusion à une cicatrice sur un sein ! Pour quelle raison « la grande opération » devrait-elle être considérée comme libératrice alors qu'un sein « en moins » est vécu comme un calvaire, une tare honteuse qu'il faut à tout prix cacher comme un secret infamant ?

De même, sur les plages, que de fois verrez-vous des femmes ayant de grandes cicatrices sur le ventre et

qui n'hésitent pas pour autant à porter les bikinis les plus sexy ? Pour la femme mammectomisée — je ne le sais que trop hélas ! pour l'avoir vécu — pas question de bikini : elle aurait tant honte de laisser voir un bout de cicatrice qui pourrait dépasser de son costume de bain !
Or, c'est cette honte qu'il faut avant tout combattre, cette honte de soi-même, de son corps qu'on imagine à jamais mutilé. Malheureusement, dans ce terrible combat, la femme mammectomisée est souvent seule ou, du moins, elle en est persuadée, comme elle est certaine que toute aide venant de ses proches ne saurait être motivée par un autre sentiment que la pitié. Quelles armes lui reste-t-il ? La fuite, le désir de dissimuler à tout prix, la volonté de tricher, le misérable pouvoir du faux-semblant ; alors, souvent, elle pardonnera difficilement à ceux qui connaissent la vérité, fût-ce à son propre mari. Dès lors, il lui faudra apprendre à fuir les miroirs et le regard d'autrui où il lui semble lire toujours le sentiment le plus atroce que l'on puisse sans doute inspirer : la pitié.
« Un secret honteux », telle est donc la mammectomie. Pourquoi ? Pour en expliquer la raison, peut-être faut-il remonter dans le temps, par exemple jusqu'aux instants qui précédèrent ladite mammectomie. En fait, s'il subit bien sûr quelques variations selon chaque cas individuel, le scénario est le même dans ses grandes lignes : lorsque la femme se rend à l'hôpital et qu'il y a probabilité de cancer et donc nécessité d'effectuer une mammectomie, alors, le médecin rentre dans la chambre et annonce :
— Madame, on vous opère demain matin à huit heures.
Et sur ce, souvent, il tourne les talons, laissant la femme figée de peur et folle d'appréhension. La malade a-t-elle seulement été renseignée sur son état ? Sait-elle

quel chirurgien va l'opérer ? Sait-elle qu'elle a le droit d'avoir recours à un plasticien ? Et le lendemain, lorsqu'il opère, le chirurgien se préoccupe-t-il de savoir si, dans un an ou deux, la femme mammectomisée ne voudra pas une reconstruction mammaire ? Hélas ! trop souvent, les cicatrices laissées par l'opération sont si longues qu'elles interdisent toute intervention ultérieure de chirurgie plastique. Et qu'on ne me dise pas que cette préoccupation est secondaire ou que le côté dit « esthétique » est superflu ! Il ne s'agit pas seulement de beauté ; c'est le respect à l'intégrité du corps et de la personne qui est en jeu. Et quand l'opérée se retrouve sur le lit de sa chambre d'hôpital, avec l'épais pansement entourant sa poitrine, elle peut se dire qu'on lui a sauvé la vie, mais « sa » vie, la lui a-t-on sauvée ?

— Quand une femme a trente, quarante, ou cinquante ans, qu'elle est mariée et a des enfants, qu'est-ce que cela peut faire ? m'objectera-t-on.

Non. Une femme est une femme jusqu'à la mort, quel que soit son âge et, parfois, le chirurgien devrait se poser la question suivante :

— Si c'était ma femme ou ma fille qui devait être mammectomisée, est-ce que j'ouvrirais aussi grand que cela ?

Ah ! certes, lorsqu'il s'agit d'un homme sur lequel on doit effectuer un vasectomie, alors, que de précautions sont prises ! La cicatrice ne doit surtout pas être de plus d'un quart de pouce ! Et la femme, elle, doit-elle se taire et s'estimer contente puisqu'on lui a sauvé la vie ?

Non, vous avez des droits, le droit d'être opérée par tel ou tel médecin, le droit de choisir votre plasticien — il en existe dans tous les hôpitaux de Montréal, — qui, lui, opérera sous le bras, épargnera le mamelon et laissera intactes les chances de reconstruction mammaire. Vous avez le droit de dire : « C'est mon corps, il m'appartient » et d'élire le chirurgien de votre choix qui, lui, prendra le temps de vous expliquer la nature de l'opération qu'il devra effectuer, qui vous parlera enfin comme à une personne et non comme à un numéro !

Hélas ! le mot « cancer » est si épouvantable, il cause une telle panique que, bien souvent, la femme qui doit être mammectomisée semble n'avoir d'autre choix que celui de se laisser ballotter de main en main comme un cobaye. Et pourtant, sommes-nous des objets ? Certes, il est vrai que certaines peaux se cicatrisent plus facilement que d'autres, il est vrai aussi qu'une reconstruction mammaire n'est pas toujours possible, mais entre une cicatrice de vingt-huit pouces et une autre de douze pouces, n'y a-t-il pas une différence appréciable, une différence qui peut décider du destin d'une femme ?

Et au lendemain de l'opération, bien rares sont sans doute les chirurgiens qui prennent quelques minutes de leur « précieux » temps pour venir parler à la malade, lui dire, par exemple, qu'elle est toujours la même femme qu'avant aux yeux de son mari, de ses enfants, qu'elle n'a pas changé, qu'elle ne doit pas se voir comme une anormale, une mutilée. Que d'angoisses futures, de complexes et d'inhibitions seraient évités pourtant grâce à ces quelques mots !

Bien sûr, je ne veux pas incriminer ici tous les médecins. Je n'ignore pas qu'il s'en trouve de très bons. Je le sais fort bien, moi qui en ai trouvé un qui n'a pas eu honte parce qu'il avait échoué et qui, un jour n'a pas eu honte de me dire : « Je ne suis pas capable. »

Mais si elle n'a pas eu cette chance, dès son retour à la maison, la femme mammectomisée se trouve confrontée à un drame apparemment sans issue. Et c'est tout d'abord un affreux et lancinant sentiment de honte qui apparaît, la honte de ne plus être une femme, aux yeux de son mari, de ses proches, de ses amis et de tout son entourage. Dès lors, apparaissent de graves problèmes qu'elle pense souvent insurmontables : si elle est célibataire, elle n'en a que plus de mal à tenter de sortir de sa solitude et de faire confiance à un homme ; si elle est mariée, c'est un calvaire d'une tout autre nature qui commence : elle a peur désormais de se montrer nue, fuit le désir de son compagnon qu'elle prend pour une manifestation de pitié, et de nouveaux et graves problèmes naissent et grandissent peu à peu dans leurs relations de couples, qu'elles soient sexuelles ou affectives.

Mais cette honte de soi-même qui, dès lors, ne cesse d'empoisonner son existence et qu'elle surmontera si difficilement, la femme mammectomisée se l'invente-t-elle entièrement ? En est-elle la seule responsable ? par suite de la mammectomie, elle se perçoit comme un être mutilé, tronqué, ne doit-elle s'en prendre qu'aux seuls fantasmes de son imagination ?

Non, il y a une autre responsable : cette image idéale de la femme que les hommes semblent se transmettre de père en fils avec une tranquille impunité, image selon laquelle la femme qui a l'honneur d'être qualifiée de belle et de désirable doit obligatoirement avoir de beaux seins ! Mais qu'on arrête de couper la tête aux femmes ! La féminité, la vraie, le charme, le vrai, sont-ils uniquement de l'ordre de la perfection physique ? Dès lors, quoi d'étonnant à ce qu'une femme mammectomisée se sente à jamais mutilée, impropre au désir de l'homme ? Quoi de surprenant à ce qu'elle se recroqueville sur elle-même, elle qui ne « peut » plus être un objet de désir et d'amour ? Ah ! certes, si on lui en avait laissé le choix, elle aurait préféré subir une hystérectomie : au moins, « ça ne se voit pas » !

Bien sûr, si elle a la chance d'avoir à ses côtés un homme qui saura la comprendre, l'épreuve sera sans doute moins longue et moins douloureuse, mais qu'elle sache qu'elle aura vraiment gagné le jour où, dans son for intérieur, elle sera intimement persuadée qu'elle est restée la même femme qu'auparavant, avec les mêmes qualités et les mêmes défauts. Alors, quand elle aura compris que la mammectomie n'aura été qu'un incident de parcours, lorsqu'elle aura accepté le reflet de son corps nu dans un miroir, alors elle s'apercevra qu'elle est demeurée une femme à part entière, non seulement capable d'accepter l'amour de l'autre, mais de le rendre aussi au centuple. Car peut-on vraiment aimer lorsqu'on n'ose même plus affronter sa propre image dans la glace ?

Or, ce drame, ce difficile pari que la femme mammectomisée se doit de gagner pour son propre bonheur et le bonheur des siens, ne se limite pas à quelques cas individuels : le problème de la mammectomie, qu'on le veuille ou non, nous concerne toutes. Laissons parler les chiffres : en 1975, selon les dernières statistiques connues, 22 136 femmes ont été mammectomisées au Canada, dont 6 232 pour la seule province de Québec, soit une proportion de 0,47% ; en Nouvelle-Écosse, 0,50% des femmes ont subi cette même opération, 0,63% dans l'Île-du-Prince-Édouard et 0,71% en Ontario ; et le nombre de femmes mammectomisées n'a fait qu'augmenter depuis !

C'est pourquoi il est plus que temps d'agir et d'offrir à la femme mammectomisée la place qui lui revient dans notre société. Pour quelle raison, par exemple, serait-elle condamnée, sur le plan vestimentaire, à des modèles obligatoirement stricts et sans charme, d'une sagesse qui fait frémir ? Aussi, pour réparer cette injustice, j'ai décidé de créer une boutique de sous-vêtements pour dames ; elle sera ouverte à toutes les femmes, mammectomisées ou non, mais je saurai apporter une attention toute particulière à la femme mammectomisée. Chez moi, elle pourra trouver tout ce qu'elle voudra : ces sous-vêtements en dentelles, ces chemises de nuit ou ces costumes de bain qu'elle croyait lui être à jamais interdits, ainsi que des prothèses importées d'Allemagne, qui sauront convenir à chaque femme individuellement, au contraire des modèles standards — et bien limités — qui existent sur le marché. Chez moi enfin, elle trouvera quelqu'un qui saura l'écouter, quelqu'un qui la comprendra et lui donnera l'assurance qu'elle ne doit pas se sentir à part des autres, et qu'*elle est toujours une femme.*

Mon souhait serait aussi d'organiser des ateliers à raison de trois heures par semaine pour les femmes, mammectomisées ou non, qui désirent se renseigner sur ce sujet, et aussi pour leurs maris, avec peut-être la participation d'un médecin. Car le grand problème touchant la mammectomisation demeure avant tout le manque d'information. Oui, c'est parce qu'elle n'est pas informée, parce qu'« on » ne l'a pas informée, c'est parce qu'on n'a pas pris la peine de lui dire qu'elle n'était pas seule dans son cas, c'est pour cela avant tout que la femme qui vient d'être opérée n'a souvent d'autre choix que celui de s'enfoncer insensiblement, inexorablement, dans le gouffre du renoncement, de la solitude et du désespoir.

Quand aux femmes dites « normales », sont-elles seulement renseignées sur ce sujet, elles qui pourtant, demain ou après-demain, auront peut-être à faire face au problème de la mammectomie ? Une expérience que j'ai vécue tout récemment a achevé de me persuader qu'elles ne l'étaient pas le moins du monde.

En juillet 1979, j'ai été amenée à participer à une ligne ouverte, à CKVL, avec Solange Harvey. Humblement, donc, je décidai de conter mon vécu. Plus tard, une femme nous appela et nous dit :

— Madame, je vous plains beaucoup. Si j'étais dans votre cas, je crois que je préférerais être aveugle. Comment vous sentez-vous avec cette infirmité ?

Je restai un instant sans voix. J'étais bouleversée mais, déjà, une autre interlocutrice lui répliquait :

— Essayez donc de faire votre ménage avec un bandeau sur les yeux et vous m'en donnerez des nouvelles !

— Sachez que je ne suis pas une infirme, eus-je alors la force de proclamer. Au terme de tant d'années d'épreuves, je peux dire enfin bien haut que j'ai accepté ma mammectomie. Oui, je me suis acceptée.

Combien de femmes parvinrent à comprendre vraiment, ce jour-là, les paroles que je venais de prononcer ? C'est à ce moment précis que je compris véritablement qu'il était temps de parler, qu'il était temps d'exposer au grand jour le problème de la mammectomie au lieu d'en faire un secret douloureux et honteux. Le bonheur de milliers de femmes en dépendait !

— Solange, dis-je alors, après avoir fermé le micro, je ne peux plus me taire ; il est impossible que j'aie vécu tout cela inutilement. Je vais écrire un livre !

Voilà. Ce livre que je me devais d'écrire, je vous le dédie aujourd'hui et je souhaite que mon histoire, que je vous ai confiée tout au long de ces pages, vous apporte quelque secours à vous toutes qui êtes passées ou aurez peut-être un jour à passer par ces mêmes épreuves que j'ai vécues. Alors au bout de l'interminable cauchemar, sans doute prendrez-vous conscience de ce que j'ai mis moi-même tant de temps à comprendre : le véritable combat de la vie, le véritable sens de notre existence n'a d'autre nom que l'amour.

J'ai su que j'avais gagné quand je suis parvenue à aimer ma propre image dans le miroir. Il me reste maintenant à accomplir la plus merveilleuse et enivrante des missions : aimer les autres. Aimer. Incommensurablement.

Achevé d'imprimer
en août mil neuf cent quatre-vingt
sur les presses de l'Imprimerie Gagné Ltée
Louiseville - Montréal.
Imprimé au Canada